JN331469

Shall We ダンス？　目次

第一章　おまえの明日は誰が決める



第二章　でも・デモ・DEMO

Shall We ダンス?

僕らは今の音頭取りだけが嫌いなのじゃない。
今のその犬だけが厭なのじゃない。
音頭取りそのもの、犬そのものが厭なんだ。
そして一切そんなものはなしに、
みんなが勝手に踊って行きたいんだ。
そしてみんなのその勝手が、ひとりでに、
うまく調和するようになりたいんだ。

大杉栄「新秩序の創造――評論の評論」より

# はじめに

房総半島の九十九里海岸を臨む長生村という静かな農村で、カレー屋を営んでいる僕は、二〇一一年三月一一日のあの瞬間を店で迎えた。ランチタイムもピークを過ぎた後で、店内にいた二人組の若い女性客といっしょになって、大きく揺れる本棚を押さえたことを覚えている。早いもので、いや、ようやくと言うべきか？　あれから一年が経とうとしている。

千年に一度と言われる巨大地震と大津波は未曾有の原発事故を誘発した。あの日を境にして、多くの人がそうであるように僕もまた少なからず自分の生活が変わってしまい、この先どうしていいのか分からず、迷走と迷想を繰り返している。けど、独りで考えても煮つまるだけだし、そもそも楽しくない。

本書は、ミュージシャン、学者、文筆家、古本屋、なんとも名づけ難い職業？といった、ジャンルも生活背景も異なる人達の協力のもと、誰もが正解を持ちえない「3・11以降の暮らし」を考え、言葉を紡ぎ、語りを紡いだ、ひとつの物語である。彼らから放たれる個性的で独立したメッセージの数々がひとつに調和することで、何かヒントが見えてくるのではないか。そんな期待を込めてまとめ上げた。そしてそれは、辛味、苦味、渋味など、ひとつひとつは〝超〟がつくほど個性の強いスパイスを調和させることでひとつのソースにする、カレー屋ならではの味つけになっているかもしれない。刺激的だけど後引く味。あとは、あなたのお口に合うことを願うばかり。

さぁ、召し上がれ。

# 1章
# おまえの明日は
# 誰が決める

# ストリートの思想からエコゾフィーへ

毛利嘉孝

数年前から私のまわりでも都心を離れ、地方に住む人が増大している。住む場所は、福岡だったり、熊本だったり、滋賀だったり、長野だったり、多岐に渡るし、生活の糧もさまざまだ。インターネットなど情報環境が整備されたのでパソコンさえあればどこでも仕事ができる状況になってきたこと、都心では決して得られない豊かな空間が得られるということ、そして、自分自身で農業に関わりたいという理由で移住を決意する人が多い。

さらに三月一一日の東日本大震災はこの流れを一気に加速させつつある。もちろん放射能汚染を恐れて東京を離れるというケースも少なくない。けれども、このじわじわと広がりつつある人口移動の原因を、単にこの震災と原発事故の問題に還元してしまうと本質を見失ってしまうかもしれない。

都市を離れて地方都市や田舎に住む。あるいは、インターネットを通じて都市の仕事をこなしつつ、農業に従事する。一見こうした動向は、一種のアンチ近代主義的な、安易な自然回帰に見えるかもしれない。しかし、実際に移動を始めた人たちと話していると事態はそれほど単純ではない。むしろ、より広範囲に渡る生活と思想のあり方の大転換が起きていると考えるべきだろう。

私は二〇〇九年に『ストリートの思想』という本を上梓した。本としてはその当時起こり始めていた萌芽を描こうとしたものだが、物を書く多くの人間が出版という形で書物が自分の手を離れていく時に感じるように、あるひとつの時代を「終わらせる」ために書いたという奇妙にねじれた意識も強く持っていた。

ヘーゲルは「ミネルヴァの梟は黄昏に飛ぶ」と言った。私がヘーゲルのように何かを語りうる能力があるとは全く思えないが、もしあの時に「ストリートの思想」をはっきりとした輪郭を持ったものとして描くことができたとしたら、それはまさに「ストリートの思想」が終焉しつつあったからではないか。最近になってますますその思いが強くなっている。

こう書くと意外に思う人がいるかもしれない。少なくとも『ストリートの思想』で描かれていた高円寺の「素人の乱」やサブカルチャーや、そのほかのアクティヴィズムは、3・11の後の文化と政治とメインストリームに躍り出たではないか。今こそ「ストリートの思想」ではないのか。

もちろん、素人の乱やその他の若者たちが始めた祝祭的でサブカルチャー的な運動は、確実に広がり、国民的なコンセンサスを得られるところまで来ているのかもしれない。大江健三郎たちが中心となった「さよなら原発一〇〇〇万人アクション」が九月一九日に六万人を集め大きな話題となったが、震災直後四月から六月にかけて立て続けに素人の乱とその周辺の人々が行ったデモが確実に現在の世論にいたる下地を醸成したことは強調しすぎることはない。都市部の若者層の政治意識の変化が脱原発運動の盛り上がりに果たした役割は決定的だった。

「ストリートの思想」というのは、その名前が示す通り都市部の若者コミュニティが(文化的であれ、政治的であれ、単に地域的なものであれ)生み出したものだった。それは、情報や資本や産業が集中している都市だからこそ、その隙間で増殖することができる思考のあり方だった。

けれども福島原発事故が露わにしたことは、そうした都市の生活のインフラストラクチャーがダイレクトに地方と結びついていること(東京電力の原発が福島に存在するという単純な事実がこのことを雄弁に物語っている)、そして、都市—地方の構造の上に成立している私たちの生活が、たった一度の自然災害で壊滅的に破壊されてしまうということである。

とすれば、私たちが考えなければいけないのは、都市と地方の循環的なサイクルの中で、より包括的な思想を組み立て直すことである。それは、都市部においては反原発、脱原発運動を拡大させる一方で、地方においては、より自律的でサステナブルで、D・i・Y的な活動を思想として練り上げることにほかならない。一見相反するように見えるこの二つの動向は、いわば「ストリートの思想」以降私たちが鍛えなければならない思想の両輪なのである。

年に一度行われる文化研究(カルチュラル・スタディーズ)のミーティングに「カルチュラル・タ

イフーン」と呼ばれる会がある。この数年興味深く思っていたのは、かつてであれば社会学や歴史学、メディア研究の研究者として大学に残るタイプの若い人たちがむしろ大学院の途中から社会運動のアクティヴィズムやNGOなどの社会実践に積極的に関わっている様子だった。「ストリートの思想」というアイデア自体明らかにその影響の下にある。

昨年七月に神戸で行われたカルチュラル・タイフーンで印象的だったのは、これまでのアクティヴィストに加え少なからぬ二〇代の参加者がパーマカルチャーや地方におけるD・i・Y文化に対して関心を示し、既に実践を始めていることだった。

都市／地方を別々のものとして考えずに有機的なサイクルの中で考えることは、同時に東京や日本といった固有の場所を、それ以外のさまざまな地球の場所との関係性の中に位置づけ直し、相互作用の中でとらえ直すことをまた意味している。

かつて、フェリックス・ガタリは、『三つのエコロジー』の中で自然環境と社会、そして精神のエコロジーの統合を説いて、「エコゾフィー」（エコロジー＋フィロソフィー）という概念を提唱した。今私が「ストリートの思想」を接続させ、発展させようとしているのはこの「エコゾフィー」のようなものかもしれない。

# 自由とコミュニティのこれから

**こだま和文×磯部涼**

## 悲観が許されない社会

**磯部**　いきなり本題に入りますが、こだまさんは常々「デモには参加したくない」と仰っているじゃないですか。この間の『ele-king vol.2』での水越真紀さんとの対談（「水玉対談」）でも、「一括りにされたくない」という言い方をされていましたよね。そこには「大衆として一括りにされたくない」とか「日本人として一括りにされたくない」とか「日本という国に関わりたくないんだ」とか、こだまさん特有の厭世観があると思うのですが、でも実はアーティストはそう思っている人が大半なわけで、僕には「一括りにされたくない」と言ってしまうことによって大事なことを見過ごしてしまうのではないか、という危憂があるんです。

**こだま**　「こだまはデモに行かないの?」って訊かれた時に、「行けない」とか「行かない」っていう、つまり「行こうとしない自分」を説明するのに言葉が見つからなかったんだよね。それで、いろいろ自分のできる範囲でものを書いたり、あるいは自分のライヴでね、ある意味デモ以上に過激なことを語ったりする自分が、ひとたびデモになると行かない、ということに対する説明がつかなくて。正直なところ、後ろめたさみたいな感情がもたげてきたりするんだよね。

**磯部**　心のどこかでは行ってみたいとも思ってるんですか?

**こだま**　そう。「いつかは」という気持ちは持っていたけど……。それで、このインタビューがあるということで、その辺の気持ちをどう説明すればいいのか考えたりしたんですよ。水越さんとの対談では、最後に「闘わなきゃ」って言われて終わるんだけど、「一括りにされたくない」というのは、言葉が見つからなかったからそういう言葉になってしまっただけでね。つまり、僕は人と足並みを揃えることができないんだよ。団体行動が苦手だから、せめてアーティストとしてならね、生かせてもらえているというか、これまでなんとか生きてこられたというか。それだけなんだよね。人と足並みを揃えることのできない自分がデモに参加した時、果たしてどのように歩けばいいのか。そんな思いがあるからこれまでの対応になっているんだよ。

**磯部**　戦後、日本の村落共同体が弱体化して、誰もがバラバラになって、個人主義的な都市生活者として生きていかざるを得なくなりました。結果、今の日本人の多くは一括りにされたくないし一括りになれないタイプの人間が多くなってしまったわけですが、それは辛い状況でありつつも、同時に理想的な状況なのかもしれないと思ってたんです。たとえば村落共同体の生活は、過去のことであるが故に理想化され、幸福だったように語られがちですが、実際は酷い同調圧力があったはずですから、都市での生活はそこから解放された良さもあった。しかし、3・11以後「果たしてこのままでいいんだろうか？」という思いが僕の中に芽生えました。もちろん、単純に過去の厳正な村落共同体みたいなものに還りたいとは思いません。でも、コミュニティというものが完全になくなった後の世界でしか人生を経験していない僕のような者ですら、果たしてみんながバラバラに生きる都市生活というものがこのまま続いてもいいのだろうか、と思うんです。

**こだま**　むしろ「もう続けられなくなってきた」と言えるかもしれないね。僕なんかは三〇年以上前に福井から出てきたわけだけど、アルバイトで暮らしていけるとか、アパートの隣の住人の顔を知らなくても暮らしていけるとか、誰からも干渉されないとか、諸々の都市生活のスタイルを好んできた者にとってのいくつかの条件、魅力みたいなもの、それは、あまり使いたい言葉じゃないけれど、都市の中に埋没しながらも甘えていける何かがあったから、こうなってきたんだと思うんですよ。

**磯部**　僕らの世代で言えば、フリーターって言われるようなライフ・スタイルがそうですね。

**こだま**　たとえば、大学進学で都会へ出てこられた人は、かなり恵まれた環境にあった人だと思うんだけど、職があるなしとは別に、地方のある限られたコミュニティの中ではどうしても暮らしていくことができないという人達含めて、都市は吸収してきたわけだよね。生きる場として都市しかないという人もいたと思う。でもね、何年か前から思ってたことだけど、実はこの国は大変な状況に追い込まれてきているんじゃないか、って。それは夏の暑さひとつとってみても、コミュニケーションの問題にしても、人が暮らすための環境という意味ではもう限界を超えてきているし、そのうち目には見えない大きな岩が落ちてくるぞ、って。それは自分自身が歳を重ねて追い込まれてきたというのもあるとは思うけど、3・11を迎えて今まさにその困難さが本番に突入したんじゃないかと思う。それはもう都市とか地方とか関係なくて、ちょっと前まで言われていた、「都会だから生き難い」「都会だから起きた犯罪」みたいなことが地方でも同じように起こり始めているのがここ何年かの話だから。田畑があって海も山もあるようなすごく環境のいいところで、家庭内の殺人事件が起こるなんてことが珍しい話ではなくなってきているよね。

**磯部**　最近、開沼博さんという福島県出身で84年生まれの社会学者が『「フクシマ」論 原子力ムラはなぜ生まれたのか』という本を出したのですが、それがすごく良くできた研究書なんです。彼は原子力発電を巡る利権の構造を「ムラ」と呼ぶのですが、「村」と「ムラ」は異なるものだと思います。かつての「村」は時には国に楯突くことさえあり、自律的な自治区として機能していた側面があったし、戦後はその閉塞感が嫌なら外に出ることも可能になったわけですけど、今は日本全体がひとつの大きな「ムラ」と化して、みんなそこから逃げ出すことができない状態になってしまっているのではないでしょうか。

ちょっと話を変えますね。ミュージシャンは予言者としての側面があると思うんです。普通に生きている中では気づかないようなことに気づいてしまう、感じてしまう。こだまさんが仰られた、「そのうち目には見えない大きな岩が落ちてくるぞ」というお話は、正に予言者としての発言だと思うんです。そして今その予言が的中してしまい、来るべき時が来て予言が現実のものとなってしまったわけですが、予言が的中してしまった後、予言者はどのように生きていけばいいのか、そんなことを思うのです。

**こだま**　「予言者」なんて言われると恐縮してしまうけど、ミュージシャンほどいい加減でエゴイスティックな存在なんて他にないから。

**磯部**　予言者もそういうひとが多そうですけどね（笑）。

**こだま**　うん。だからそれを裏返せばね、か細い神経の持ち主、要するに「駄目なヤツ」というところがあるからね、行く末の不安とか恐怖を直感するスピードが、ちょっと他の人より早いだけなんじゃないかって気はする。

**磯部**　こだまさんが仰る通り、3・11以前に問題は始まっていたわけですが、ずっと隠蔽されてきた。それは、日本のムラ化にしても、原子力発電にしても。だから、3・11に端を発する原発事故は問題が表面化しただけの話であって、こだまさんを含めて、それ以前に気づく人はこの現実に気づいていたわけですね。

**こだま**　やっぱりさぁ、自分が何十年か生きている間に見聞きして知り得たことの中にも、まずは第二次大戦があって、もちろん僕はその時代に生れてはいなかったけれど、広島・長崎があって、更に時代を遡れば歴史的な重大事件みたいなこともたくさんあるわけさぁ。結局その事件に学ばなかった我々、みたいなことを繰り返してきたわけだよね。つまり、広島・長崎があっても原発を五四基も作ってしまい、更にどんどん造ろうとしているんだよこの国は。それで、使用済みの核燃料はどこに向かうのかと言えば、核兵器と分かち難い関係にあるわけだ。だから、僕は予言ということではなくてね、ものすごく悲観して生きてきたんだよ。ポジティブにデモに参加して大きい声を上げるということよりも、寧ろ全く逆に悲観した方がいい、ということを自分の基本に据えてやってきたんですよ。けれどもそれは、社会で一般的に正しいとされている「前向き」「建設的」みたいな価値観から漏れてしまった、更にそれとは逆のことを主張することだから、既成の価値観に対する抵抗でもあるわけですよ。つまり、悲観の立場は弱いんです。人から嫌われるだけなの。

**磯部**　地震と原発事故。当初は、実際に悲しい出来事が起きたわけだから、その時に悲観主義というのはどうなのかとは思ったんですけど、今ちょうど四ヶ月が経ちこの時期になって強く思うのは、人間って本当に痛みを忘れるのが早いし、人生ってある程度、楽観的でないと生きていけないからこそどんどん麻痺していくのかもしれませんが、結局、「やっぱり大丈夫そうだな」みたいな方向に進んでしまうんですよね。そういう中でこだまさんが仰る、「一度立ち止まって悲観して考える」ということは重要なことかもしれませんね。

**こだま**　だけど、悲観的なことを言うという段階でね、誤解もされるし、シャット・アウトされちゃうことが多いんですよ。それで、そのことを僕なりに客観的に考えることがあるんだけど、さっき言った「建設的」だったり、「前を向いて歩こう」とか「走り続けようぜ」みたいなこと、歌にもよくあるじゃない、手垢のついたような歌がいっぱい。でも、それが売れたりするわけでしょ。

**磯部**　特に二〇〇〇年代以降はその傾向が強いですね。ダンスホール・レゲエもそこに関わってしまったところはありました。

**こだま**　うん。それにうんざりしてしまう面もあって。

それで、話がちょっとずれてしまうけれど、省エネがひとつの大きな動きとして出てくるでしょ。マスコミも煽るじゃない。その時、背景にある電力会社云々とか政治的なことは置いて見ているとね、「省エネ」と言っているのにも関わらず、「何かを買わずにおきましょう」とか「何かを減らしましょう」とは絶対に言わなくて、寧ろわけの分からない新たなものを買わそうとするじゃない。「地デジ」もそう。あんな強引なやり方でね、何千万台あるか分からないテレビをゴミ化するわけでしょ。もちろんリサイクルの方法もあるみたいだけど。つまり「ダブ感覚ゼロ」なんだよ、経済は。しかもそれらは全て対処療法的で、環境問題の根本から見直していくという話ではない。そしてそれがね、さっきの悲観とどう結びつくかと言えば、いつでも「プラス」なんですよ。社会的に是とされる「プラス思考のプラス」と「新たにものを買うという意味でのプラス」が、あたかも同じ意味を持つかのように論じられている。絶対に「マイナス」にはさせない。それまであったものをやめて何とかする、みたいなことにはならない。それがさっき磯部くんの言った、「日本全体のムラ化」の話にも通じるような気がする。悲観が許されない社会。

――それは学校教育の影響も大きいと思います。子供それぞれの特性を考慮することなく、十把ひとからげに子供の理想像として「明るく」「元気で」「前向き」であることを強要されるようなところがありますから。

**こだま**　そのくせ「ゆとり教育」なんて言ってね、時間割をちょっと変える表面的なことだけやって。もっと本質的な、人はどう生きていくべきかみたいな大事な問題の根っこにはどうにも結びついていかないいんだよ。全てにおいてそういう調子でやってきてしまって、その期間があまりにも長かったから、3・11後の事態になす術がなく身動きがとれないでいる。

**磯部**　原発の事故が複雑でやっかいなのは、基盤であった土地自体が汚染されてしまい、ひょっとしたら人類が生存している間には元通りにできないかもしれないということです。つまり取り返しのつかない問題であって、「復興」とか「頑張ろう日本」とか、これまで是とされてきたプラス思考だけでは解決できない。プラスどころかゼロになってしまって、そこにプラスすることができない状態になってしまった。だから根本的に考え方を変えないといけないし、過ちは認めないといけないわけです。

**こだま**　そうなんだよ。でも、それでもまだその困難さに気づかない人が大勢いる。一般市民以外にも、つまり政治家の中にもたくさんいるわけだ。それがまた僕にとっての大きな悲観であって、自分と考え方が全く違う人々が蠢く社会の中でどうやって生きていけばいいのか、という。もちろんそんなことは前から分かっていることなんだけど。

### 「都市化」と「個人主義」の代償

**磯部**　悲観ということで言うと、二〇〇〇年代は鬱の時代だったと思うんですよ。僕の周りでも様々な世代の人が鬱病になっていますし、実際、今日本が世界でもぶっちぎりで抗鬱剤の処方件数が多いらしいのですが、そういった社会を背景に、とりあえず鬱を解消するための、ものすごく安っぽい意味での「頑張ろう」という掛け声が溢れている気がします。

**こだま**　ものを売る側っていうのは、そういった社会状況を読んでいくわけですよ。だから歌なんかも、お手軽に励ます歌がヒットしたりね。

**磯部**　確かに消費って興奮するのもあって、一瞬は元気になったりしますね。

**こだま**　それが救いになるならいいと思うんだ。その時々で色々な人がいるわけだから、そこまでボヤくつもりはないけれど、でも結局それは対処療法でしかない。精神病院だって結局は薬を増やしていくしかなくて、薬を減らしていくという精神科医はすごく少ないらしい。それは僕がね、実際に何人か知人で処方を受けている人がいるから分かることなんだけれど。やはり何かひとつ減らすということにはならないんだよ。それも結局経済と結びついている。そんなことばかりして、根本的な治療をしないままに来てしまったから自殺者も増える。みんながみんな息苦しい世の中になってしまった。

**磯部**　それは都市化の代償でもあるし、個人主義の代償でもあると思うんです。でもやっぱり僕は旧来的な村落共同体には戻りたいとは思いません。知らないから戻りようもないのですが。だったらどうすればいいのかというと、これは最近書いていることでもあるのですが、「個人的な繋がり」しかないと思うんです。簡単で古臭い言葉で言えば「友情」でもいいですし、「相互扶助」でもいいのですが、仲間同士で助け合うしかない。それについて、こだまさんの個人主義とか悲観主義の立場からどのようにお考えになりますか。

**こだま**　自分が音楽を作ったり文章を書いたりする時の基本姿勢の話になるけれど、まず自分が知る限りにおいて一番孤独な人、一番辛い状況にある人、実際には掴みようのない話だけれども、自分が想像できる範囲で思い浮かべる。それは、たとえばものすごく具合の悪い人、障がいを持っている人もそうかもしれない。友達が何人かいれば幸いだと思うけど、友達さえいない人がいる。家族がいても家族と全然うまくいかない人もいる。僕も少なからずそういう要素を持っているから。だから、自分の想像の範囲でしかないけれど、ものすごく困っていたり、ものすごく救われない人がいるということを念頭に置いて表現したいと思ってる。

つまりおそらくね、本対談のひとつのテーマでもあるサイレント・マジョリティの、その中の更なるサイレントがあるんだよ。僕はそういった人達と直接関わったことはないけれど、何かの機会で垣間見たり、想像したり。そして自分自身をよく見るとね、友達と呼べるような人もね……。その時は友達と思っていても、自分の我儘さで失うし、どうにも厄介な自分というのがあるわけですよ。だから、そういった自分を見ると、なかなか「友情」とか「繋がり」とか、僕は言えない。

**磯部**　ただ、そういった人達も、たとえばこだまさんの音楽を通して自分の孤独と向き合いつつ、同時に同じように孤独な人達がいることを想像するわけですよね。そうやって、複製技術以降のポップ・ミュージックは、ライヴの現場に来れない人達や、仲間の繋がりで孤独を解消できない人達すらも繋げることができた。しかし、最近十代、二十代の若い子達と接していると、最早それですら解消できないほどに孤独が深まっていると思うことがあって。彼等は想像力ではなくあくまで実際に繋がろうとする。ネットを通したコミュニケーションではありますが。でも僕はそれを一概に否定できないと思っています。今こだまさんが仰ったようなことは、優れた音楽であるからこそ可能なことなんですよ。だから想像力を喚起することができた。でも、僕はもうこれからの時代、それこそすごく悲観的な言い方をすれば、音楽のクオリティはどうでもいいんじゃないかと思うんです。音楽はあくまで繋がるための手段に過ぎない。もう、それでしか救われない現実があるような気がしているんです。

**こだま**　それで救われるのであれば、媒介は何であれ幾つもあっていいと思う。ただ僕の場合は、さっき言った「サイレント・マジョリティの中の更なるサイレント」にかなり近いと思うから……。結局は嫌なヤツなんだよ、こだまって人間は。だから、自分の内面をよく見ればね、とてもじゃないけれど「友情」とか「繋がり」とか語れない自分がいるんだよ。すごくいやらしいヤツなの。

**磯部**　そんなことはないですよ（笑）。

**こだま**　だから、せめて楽器でも持たせてやらせておけばいいんですよ、この男は。それなりに我儘なことを言いながらもね、そこに気づいてくれる人がいたら嬉しそうに喜ぶような男なんだから。まぁ、あまり自虐的に自分の内面を吐露するのは甘えている感じがするから嫌なんだけれど（笑）、屈折が強いからあまりピースなことは言えないというか、口はばったくなってしまう。だから、それを堂々と言える人達は幸いですよ。そういう人達が多ければ多いほどいいと思う。僕はね、本当は言いたいのかもしれないけど言えないことをね、インストルメンタルの音楽としてやっているのかもしれない。音楽って虚構かもしれないけれど、作った時点、演奏している時点では無垢なものだから、美しいから。だからそれで勘弁してもらおうかな、という気持ちでいるよね。

それで一番根底にあるものは、「差別しない、そして自由」ということ。自由と反差別。実は自由と差別ってすごく近い位置にある。一番分かりやすく言えば、「人種差別っていけないことだよね」と言う場合、その理念があるうちは駄目なんだよね。「差別って何ですか」という状況にならないと。だから、ものすごく他の人と違った動き方をする人だったりとか、ものすごく特徴的な外見の持ち主だったりとか、そういった人達と対面したとしても全く特別に感じない、大きな刷り込みみたいなものがなくならないと差別のない状況へ辿り着くことはできないんだよ。

**磯部**　でも、まずは差別があることに気づいてから、その次の段階でなくなる、という順番でしか

あり得ないと思うんですよ。それで、差別というのはこだまさんが言う個人主義が徹底されたらなくりますよね。

**こだま**　それなんだよ。

**磯部**　ミュートビートやじゃがたら、そしてこだまさんが現在やられている音楽は、都市生活者や個人主義を象徴する音楽だと思うんですよ。それは、背景となる東京という街に、情報にしても資源にしても、孤独に生きていけるだけの豊かさがあったからこそ成立していました。ただ、今や東京も弱体化している。そこで、ボアダムスがじゃがたらに影響を受けつつもトランシーな方向へ進んだというのがすごく象徴的ですけど、今は都市的なものより村的なるもの、それが片仮名のムラになってはいけませんが、そういったものが必要とされていると考えています。なぜなら、都会は個人主義のふりをしているだけで、実は個人個人がバラバラのまま管理、統治されているだけではないのか、という危惧があって、それが一番ヤバいと僕は思うからです。そんな時にボアダムスは、「繋がり」をベースに「もう一度小さな村を作るしかないんじゃないか」と言った。確かにそれに馴染めない個人主義の人達はいるかもしれませんが、これまでを顧みると、ムラにならないように気をつけながら、もう一度、村を作るしかないような気がしています。もちろん、経験がないから頭でっかちになってしまっているのは否めませんけど。

**こだま**　僕みたいにある程度生きてしまった中高年ではなくて、やっぱり次の世代、そのまた次の世代がよりよく生きていくならば、今磯部くんが言ったような本当の意味でのいいコミュニティを作らざるを得ないのかもしれない。僕がいくら悲観的になっても、「おっさんはもういいよ!」と言って、これまでに失われてしまった何か、人の暮らしをいい方向へ向かわせる何か、を見つけてもらいたい。それはたとえば農業かもしれないし、もっと別なものかもしれないけれど。それは確かにそう思うし、それを望みたい。

**磯部**　こだまさんは以前、「生きることに執着できない」と仰ってましたが、その気持ちは今も変わりませんか。

**こだま**　そうね。悲観の話の連続だけど、ものすごくラフに嫌われる言い方をすればね、ことごとく飽きてしまったんだよ、人に。う〜ん……人というか、生きる何かに。今は世界中の情報を見られるようになったでしょ。ハイチの大地震で何十万もの人が死んだ話とか、中国では相変わらずああいう政府のもとで苦しんでいる人がいるし。北朝鮮しかり。あるいはアフリカの状況にせよ、アラブ諸国の状況にせよ。そんな中でね、俺は人として積極的に生きるのはもういいかな、というか、うんざりみたいなところがあるんですよ。それでもまだみんな頑張ったりしてね、まだポジティブにいかなきゃならないのか、みたいな気持ちが正直あるんですよ。だから、そんなに生きていたくないな、という。ここまで生きてこられた上での甘えた言葉なのかもしれないけれどね。確かに、これから生きていかなくちゃならない若者だったり、小さな子供のことを考えれば、そんなことを言っちゃいかんと思う自分もあるんだけど。

**磯部**　こだまさんの言う「生きることに執着できない」という悲観主義の中では、自死は積極的な行為となり得ますか？

**こだま** 人はそう簡単には死ねないから、だから人は大変なんだけどね。でも、現に自殺者は増えているしね。3・11の後、福島でも増えているみたいだね。

**磯部** 福島で九十代のおばあさんが、「お墓に避難します」と書き残して自殺したニュースがありましたが、それは自死というものが合理的だと考えてしまった瞬間があったんだと思うんです。自分の年齢と寿命を考えた場合、合理性を考えて自死を選んだのかと思うと、何とも言えない気持ちになりました。

**こだま** 何のために生きているのか。ごく一部の権力者や資本家のために、彼らが搾り取れるだけ搾り取るために、労働力を都市に集中させた。消費効率を考えれば、その方が管理しやすいから。かつては田舎の小さな町にも電車が走っていて、お肉屋さんとか八百屋さんとか飲食店とか、個人商店で賑わう町並みがあったわけでしょ。けど、そういうものはもうなくなってしまって、どこの地方に行っても大型店の決まった店ばっかりで、売られているものはどこも同じ。それはそれで地方の喜びでもあるかもしれないから全否定はできないけれど、そんなことを含めてね、ひとりひとりが生きているんじゃなくて、一塊りで飼われている、と思ったこともあるよ。

戦後ね、アメリカっていう国があってね、小学校の給食がなぜかパン食だったんだよ。それで、「ご飯だけ食べてると頭が悪くなる」って言われていて、今思えばものすごく陳腐で馬鹿馬鹿しいことがまかり通っていた。ご飯を持っていくと怒られちゃうんだから。決められたこと以外のことをするのがすごく恐いことだった。つまり、「今日僕は家でご飯が余ったからご飯を持ってきました」と言って、給食の場で弁当箱を開けたりしたら、「お前それヤバいよ」みたいな雰囲気になるんだよ。それぐらい縛りが強かったというか、不自由というか。あたかも犯罪でも犯したかのように言われてしまう。おカネがなくてランドセルが買えなくて、人と違った風呂敷なり鞄を持って学校に行こうものなら、それだけで居心地が悪い。そういう感覚が脈々と続いてきて今に至っていると思うんだよ。

**磯部**　そういう管理のされ方がずっと続きながらも、それが反転したところに更なる問題があると思うんです。近年は「個性が大事」とか言われて、表面上はみなアーティストになりたいとか言いつつも、同時に自己責任みたいな言い方もされて、それがものすごいプレッシャーになっていて。

**こだま**　そうなんだよ。都合のいいところだけそう言って、変なアメやチョコレートだけは少し出すんだよ。

**磯部**　そして今や監視や管理が内面化されてしまった。

**こだま**　象徴的なのがスーパー・クールビズだよ。たとえば「アロハシャツOK」となったとたんに、アロハシャツだけはOKになるんだよ。けど、本質的には自分が涼しい恰好であればいいはずだから、自分で選べばいいのに、「はい、これがクールビズです」って提示されたものしか着ない。つまり、それ以外の選択ができない。オルタナティヴ性が皆無ということ。誰かに何かをあてがわれたような感覚で、本質が変わらないまま表面上変えただけみたいな。それがこの国のどうしようもなさで、クールビズはこの国の病巣を表していると思うよ、俺は。

## 人間らしさ

**磯部**　こだまさんには、東京を離れたり日本を離れたりといった選択肢はないんですか。

**こだま**　ないですね。幸いにも自分がやっている音楽を聴いてくれる人がいたり、書いたものを読んでくれる人がいる。それだけでありがたいんで。まぁ、場を移してそれができればいいけれども、自分の暮らしというものがもうこの年齢まで来ているわけだから。逃げも隠れもしない。それで「ダブ・ステーション」なんて名乗っているわけだけど。つまり立ち寄ってくれる人がいればね、「僕が生きている以上はここに駅がありますよ」って。もちろん地方で演奏することもあるから移動もするけど。

でも、それもこれも結局、生きることにそんなに積極的ではないからなんだと思う。欲しいものもないし、海外旅行がしたいわけでもないし。ただ、自分がアーティストであるための積極性だけはあって、新しい曲を作りたいとか、次は言葉で何を書こうとか。だから僕にとって、自分がアーティストでいられるということだけが生きることとのギリギリの縁だから、それを失うと死んだ方がましになってしまうから、アーティストでいられれば場所はどこでもいいんです。

——放射能汚染を切っ掛けに、東日本各地で「逃げる／逃げない」という問題が噴出していますが。

**こだま**　そういう「責め」みたいなものってつまらないことですよね。それは、デモに数回参加した人が参加しない人に対して、「なぜお前はデモに出ないんだ」って言うのと同じで、ある種のことを強いている。それはさっき言った片仮名のムラになりかねない。だから、まず何よりも「人の自由」というものを念頭に置かないと駄目なんですよ。どこに逃げようとも自分自身からは絶対に逃れられないんだから。つまり、自分の家族とか自分の子供とか、あるいは自分のために環境を移すことが可能ならどんどんそうしたらいいですよ。都市部はちょっと生きものが生きていく状況じゃなくなっているから。

**磯部**　音楽やアートといった文化の中心としての東京という街も、徐々に力を失いつつありますよね。3・11はそれに追い打ちをかけるんじゃないか。

**こだま**　そうだね。CDショップはなくなるし、ミュージシャンも年に一度はCD作ってリリースするみたいなこともなくなったし、本屋に行ってもありきたりの本しか置いていないとか。そんなことだったら、必ずしも「文化の中心としての東京」ということに意味を持たない。

**磯部**　高度経済成長期以前の東京と以後の東京って、意味が少し違うと思うんですけど、高度経済成長期に集団就職なんかででき上がった新しい個人主義者の集まりとしての東京はもう終わったんだという人達と、それでもまだ終わらせないんだという人達が、せめぎ合っているような気がしています。

**こだま**　僕もそんなに詳しく学んでいないから断言はできないけれど、集団就職の世代は都会に憧れて出てきたんではなくて、生活のために出てこざるを得なかったわけだよね。だから、彼らのバック・ボーンには常に田舎に残してきた家族があるわけで、都会にいながらも実はものすごく強い繋がりがあったんじゃないかって思うんだよ。都会の欲望に晒されながらも実直に働いてさ、中小企業を興したりして、そういう人達の頑張りで都市が作られていったという面があると思う。
でも、今やそういった人達の時代も終わろうとしていて、新しい時代には、地元との絆を持たないまま上京してきた人が増えてくる。そうするとますます殺伐とした消費都市として、効率よく吸い上げていこうとする人達と、地元との絆もないままにどうしようもなく都会に出て暮らさざるを得ない人達、といった二極化に向かう。つまり「吸い取る側」と「吸い取られる側」しかいない街。

**磯部**　いつの頃からか日本人って、ユダヤ人じゃないけど流浪の民になってしまったんじゃないかと思うんです。集団就職で出てきた世代は帰る田舎があったのかもしれないけれど、彼らが離れている間にそれもすっかり弱りきってしまった。自分の父親の世代がまさにそうで、彼は千葉県の八日市場というところの出身ですが、今やそこは都会の劣化版としての、カラカラのスカスカの町なんです。そう考えると、今や日本人ってどこにも根差していない民なんじゃないかって。

**こだま**　昔は地方でも駅前の商店街は賑わっていたけど、今はゴースト・タウンみたいになっている。でも、幹線道路沿いにはショッピング・モールやファミレスがあって賑わっている。それって結局、クルマ社会がそうさせてしまったんだよね。
それと、いろいろな事情で東京へ行きたくても行けなかったような人達は、都会から馬鹿にされたくないという意識が強くて、たとえば「お前の住んでるところまだコンビニないの」とか、「お前まだそんな服着てんの」とか、差別的に言われちゃう。その価値観の貧弱さっていうのが今の事態を招いてしまったよね。それもさっき言った差別に繋がる話で、小さな差別なんだよ。そういう価値観がずっとはびこっているから。けどやっぱりね、ファストフード店でハンバーガーを食べたいし、コンビニで立ち読みして、ちょっと友達と会ったりして。それは昔なら駄菓子屋とかね、一般の商店なんかでそういうことがあったんだけどね。個人商店をことごとく潰してきちゃったもんだから。そうするとそれぞれにクルマを買わせて、クルマがなければ地方では生きていけないみたいな。僕なんか地方では生きていけないもん。クルマ苦手で、パソコン苦手で。話し戻しちゃうけど、この男がかろうじて生きていけるのは東京だけなんですよ。

だから、さっき話した次世代の人達のコミュニティというか、本質的により良い暮らしをしていくための繋がりみたいなことを考えるのであれば、電車を復活させた方がいいと思うんだよ。それは都市に限らず地方でもね。そうしたら老人も含めて繋がりが生まれてくるような気がする。

**磯部**　でも逆を言えば、クルマとパソコンさえ使えれば、日本全国どこでも生きていけるという状況ではあるわけですよね。

——磯部さんは今回の原発事故で一時的な避難や将来的な移住とか考えましたか。

**磯部**　子供がいないから動かなかっただけで、子供がいたら動いたんだろうな、と考えたりもしたんですが、でも結局それって言い訳でしかなくて、やっぱり自分は動かないと思いますね。妻が恵比寿生まれの恵比寿育ちで、東京が地元という感覚もあるし、どうも自分には腰の重いところがあります。知り合いのアーティストで、さっと移住しちゃった人もいますけど、それはある種の才能だと思うんですよね。腰の重さというのは自分の凡庸さの象徴のような気もしてます。

ところでこだまさん、なんでクルマが苦手なんですか？　まさに個人主義的な乗りものだと思うんですけど。電車のラッシュでは個人主義も奪われますよね（笑）。

**こだま**　排気ガスと大きな荷物が嫌いなんですよ。「お前はタバコを吸うくせに」って言われたら話は終わっちゃうんだけどね（笑）。それとさっきも話したけど、幹線通り沿いに大きな商業施設を造って個人商店を潰してきたわけでしょ。それって全部クルマを売るためじゃない。この国はクルマを売って豊かになってきたから、そのためなら何でもしてきたわけだ。これがいろいろな意味で原発にも通ずるような何かなんですよ。僕の嫌いな人達と嫌いな何かがそうしてきた。そのひとつの象徴がクルマなんですよ。

**磯部**　なるほど。僕の言った、友情からコミュニティみたいな関係性を取り戻すということは、昔のままの地域社会に戻るということとはちょっと違うんです。今服屋だったりレコード屋だったり、個人店を始める若い人が増えていて、それはやっぱりネットに支えられているところが大きい。バラバラに点在していてもネットを活用することでコミュニティが作れる可能性があると思うんですよね。

僕は生れが幕張で埋め立て地にできた新興住宅地で育っているから、遊び場がショッピング・モールだったんです。だから、実はそういうところに行くとすごく落ち着くんですよ。でも嫌な面もあって、本当に人間がバラバラのまま生きているような感じがありました。でも、これからの若い人達はそこでもう一回新しいコミュニティを立ち上げることができると思うんです。それは、土地に属していなくてもいいと思っていて、たとえば音楽の趣味だったりネットの繋がりだったりとか、架空の共同体でもいい。とにかく、もうこれ以上バラバラのまま生きていくということに耐えられないから、互いに支え合うコミュニティみたいなものを欲しがっている、バラバラのままで生きていくということに限界がきてしまったんだと思っています。

**こだま**　いっぱいいっぱいなんだよ。東京に出てきて働いて暮らしていくということに。ギリギリでいっぱいいっぱいだから、身動きとれないというかさ。

**磯部**　住宅ローンみたいなものもありますしね。避難に関しても、住宅ローンが払い切れないから逃げたくても逃げられない、みたいな人もいます。たかが住むところを確保するだけで、一生かかってやっと払い切れるかどうかみたいな金銭的負荷を背負わされてしまう。

今話しているようなことを考えると、いつも堂々巡りに陥ってしまうのですが、「人間らしく生きたい」と思うと同時に「果たして人間が人間らしく生きてきたことなんてあったのだろうか」と。たとえば昔の村的な社会では個人主義が許されなかったわけですから、今で言う人間性は奪われていたわけですよね。ただ、今現在の個人主義というものでも、みんなが生きることに限界を感じるぐらい人間性を奪われてしまっているわけです。だから、そこで言う「人間らしさ」って、一体何なのだろうかと思ってしまうんです。

**こだま**　それは永遠のテーマですよ。人の価値観の問題だから。ひとりひとりの価値観というのは、あまりにもそれぞれだし、もちろんそれぞれでいいわけなんだけど、それぞれじゃないものを課せられてきたわけでしょ。人と同じ暮らし方やある程度同じ考え方をしないとギクシャクしてしまう。そういう価値観の難しさというか面倒臭さというか。だから、僕は新しいコミュニティとか言う前に、もう少し個人の自由とか限定されない価値観みたいなことに対してものを言わざるを得ない。僕は人それぞれの価値観を認めるべきだということと、人それぞれの自由度数を高めるべきだって思う。それは都市であろうと地方であろうと。

**磯部**　確かに、日本ではこれまでにただの一度も本当の意味で個人の自由が認められたことなんかない、という話なのかもしれませんね。

**こだま**　自由ってものに対しては、いつでも圧力がかかるでしょ。「今どきの若い者は……」みたいなオヤジの説教って、ずっと言い継がれてきたじゃない。「自由と我儘をはき違えるな」的なことが。それがまたね、鬱陶しいわけだよ。自由と言うなら本当に自由であるべきだし。もちろんそこには倫理みたいなものはあるべきで、人を傷つけるようなことはあってはならないけど。

**磯部**　そう言えば、一時期「孤独死」みたいなことが盛んに言われましたけど、あの言い方、僕はそもそも差別的なような気がしていて、ひょっとしたら孤独を選んで孤独に死んでいくことが幸せだった人もいるかもしれないわけですよ。だから、そこには自由に対する徹底した不理解があるような気がしてならないんです。何で孤独に死ぬのが悪いことと決めつけるんだと。

**こだま**　しかもそれを、「酷い世の中だ」みたいな言い方をするじゃない。ほっといてくれよって気もするよね。病院のベッドの上で薬づけにされた揚句に管を沢山つけられて死ぬのって、あれは孤独死じゃないのか、と思うよ。だから、結局自由を認められていないんですよ。寧ろ差別的に言われてしまう。「可哀そうな人だ」とか、「家族は何してたんだ」とか、「それは社会が悪い」とか、どうも本質とずれたところで語られてしまう。

**磯部**　それを考えるとやっぱり堂々巡りに入ってしまうんですよね。

　こだまさんは「諦めるということはひとつひとつ手放していくことで、最後にどうしても諦められないものが残る」と仰ってましたが、「諦める」という言葉の語源のひとつに、「明らかに極める」という説があるらしくて、おそらくそれと同じなんでしょうね。そして、こだまさんにとって諦められないものが自由であるとするならば、ひょっとしたら今僕が考えていることって、もう自由さえ手放してもいいのかもしれない、ということです。個人の自由よりも他者との関係性を大切にしたくて、個人主義は近代の妄想に過ぎないのでは、と考えたり、人間はひとつの信頼できる繋がりの中の共同の生命体としてしか生きていけないんじゃないのか、と考えたり。もちろん、それが国家というレベルのものだったりムラみたいな強制力のあるものだったら嫌なのですが。ただ同時に、こだまさんの仰る「自由を手放すべきではない」ということもすごく分かるだけに、堂々巡りになってしまうんです。

**こだま**　そうだね。僕は人が好きなのに人を嫌って生きてきてしまった、みたいなところがあるから、磯部くんが言う、本質的に人が人を支え合いながら共に暮らしていくという方向へ向かって行ければいいよね。でも、それにはある程度物質的な豊かさってのも必要なんだよね。人はやっぱり貧しくなるとギスギスしちゃうんだよ。だから、堂々巡りしちゃうんだけどね。

**磯部**　これから日本は更に貧しくなっていくでしょうから。

**こだま**　それなのに福島のような事故が起きてしまったから。今まであったものさえ潰さなくてはならないようなことになってしまって。農業や酪農をやっていた人達は全てを手放さざるを得ない状況だから。修復もできないわけだし。放射能ってのは、本当に大変で、嫌なものだよ……。

**磯部**　「人間らしさ」という話で言えば、それを最も奪ってしまうものですよね、放射能は。人間に限らず、あらゆる生命というものから「らしさ」を奪うもの。

**こだま**　そう、本当に厄介なんだよ。それに福島だけじゃないからね。他所でも福島と同じことが起こる可能性は否めないから。

**磯部**　こだまさんは原発銀座と言われている福井のご出身ですよね。

**こだま**　もちろん僕は原発が嫌で福井から出てきたわけではないけれども、今になって思えばね、あえてそこにこじつければ、原発が一五基も立ってしまう福井という土地柄の何かから逃れたんだ、僕は。

**磯部**　福井にしても福島にしても、佐賀なんかもそうですが、日本の中でも特に貧しい地域で、つまり原発って日本の農村の貧しさとも密接な関わりがあるんですよね。

**こだま**　そういうところじゃないと建てられないし、そういうところが都合がいいんですよ。原発がないと生活が成り立たないエリアに仕立てやすい。

**磯部**　そうですね。だから、原発がなくなると貧しくなるみたいな言われ方がよくされますが、それはマッチポンプで、本当は原発がないと貧しくなる状況が作られているわけなんですよね。原発のある町って、他の町興しの方法を全く考えなくてもいい状況に置かれてしまうから。他に選択肢があったかもしれないのに。

**こだま**　そのことは今まで話してきたことに全部繋がっていくよね。クルマや電化製品を一人一台持つようになって。あんちゃん達もクルマに乗って都会と同じような暮らしができるようになって。そういった生活を欲してしまうような価値観があって。農業という仕事に対する辛さ、大変な労働をしているのに食っていけないみたいな。大規模農業をやれば国から補助が出て農協の中で生きていけるけど、小規模農家はどうにも田舎じゃ食っていけないという状況にしてしまったんだよな。けれども、今やっと「農業いいじゃん」と言う若い人達が出てきた。従来の価値観に絡め取られない若い人達が出始めている。なのにさぁ、本当に意地悪だよな、放射能ってのは。

**磯部**　こだまさんのエッセイ集『空をあおいで』の中で、食に対するこだわりというか、「冷蔵庫にあるあり合わせのもので料理してそれを食べる、そういう慎ましいことこそが幸せだ」と書かれていますが、今はそれすらも許されない状況下にありますよね。たとえば、これまでは国産の有機野菜を選んで買っていたような人が、寧ろ輸入ものの方がいいだろうという逆転現象が起きたりもする。

**こだま**　そう、選択の余地がないんだよ。だから、ここ暫くは食べもののことを書けないよね。「味噌汁が美味い」とか。

### 3・11後のポップ・ミュージック

——3・11を受けて、こだまさんの音楽表現に何か変化は出るのでしょうか。と言うのも、震災から三ヶ月後の六月一〇日、西麻布の新世界で行われたワンマン・ライブで、こだまさんが印象的なお話をされていました。それは、たとえばアメリカ同時多発テロのような酷い事件が起きると、次の新しい音楽的潮流を探りながら自然と創作意欲が湧いてきたけれど、3・11の後はそういう気分になれず、自分の好きなものが分からなくなった、と。それで、本当に好きなものは何かと自問した結果、緑の木々や田んぼ、青い空や海が好きだということに気づいた、という内容でした。

**こだま**　そう、そうなんだよ。それが今の自分の一番正直な気持ちなんですよ。それまでは、何か新しいものを見出して作品を作り出そうとするアーティストの性というか感覚があったから、災害とか大きな事件があるなしに関わらず常に自分の中で新しい音楽を求めて、俗に言うトレンドみたいなものも意識して、そんなものの中から新鮮さを感じつつ、自ら新しい音楽を作っていこうとすることでね、楽しくやっていける何かがあったんだよ。

**磯部**　ポップ・ミュージックの楽しさって、消費の楽しさでもあるわけですからね。新しいレコードが次々と出てきて、ビートのトレンドが次々と更新されて、それに興奮するという側面は確実にある。
**こだま**　そう、それでまた自分も作るというね。アーティストってね、ひとりひとりが勝手に作っているわけではなくて、みな互いにすごく関係性があるんだよ。パクッたりパクられたりね。
**磯部**　競い合ったり、スタイルの違いだったり。
**こだま**　うん。それはもう昔からそうだよ、芸術なんてものは。だから、周りから刺激を受けるし自分が刺激を生み出すこともあるし、その流れでやってこられたんだよね、今までは。まぁ、もっとも自分のキャリアが関係しているのかもしれないけれど、そういう刺激に対するエネルギーは自分の中で弱まっていくから。体力的にも。単純に歳をとったからというのは寂しいけどね（笑）。
**磯部**　五月に「音楽の（無）力」という原稿を書きました。それは、震災後のある時期から「音楽の力」みたいなことが盛んに言われ出して、僕はそれがものすごくインチキ臭く思えたからなんです。「音楽の力で乗りきろう！」って言っても、やっぱり音楽は無力なものですから。
それで、その「音楽の力」と言った時、音楽をものすごく狭い意味で捉えてしまっているような気がするんです。これまでずっと「都会的な進歩主義の限界」について話してきましたが、音楽もそれと同じことになってしまっている。つまり、前へ前へ行くための音楽、役立つ音楽、みたいな話です。その時に僕は「音楽の限界」を感じたんですが、その原稿を書き終えて暫く経ち、今考えていることは、「音楽は広い時間軸を持っていることこそが素晴らしい」ということです。たとえば、こだまさんの音楽には「ノスタルジー」と「レクイエム」という側面がありますね。それは過去に対する、死者に対する、想い。前に進むだけの時間軸とは異なった時間軸がこだまさんの音楽にはあるから、とても豊かなものになっていると思うんです。

**こだま**　そう言ってくれると嬉しいですよ。

**磯部**　音楽の可能性ってそこだと思うんです。決して「今」というものだけに囚われない。近代的な意味においての「役の立たなさ」というものが、今後音楽にとっては重要になっていくと僕は思っています。たとえば今のポップ・ミュージックで忘れ去られている祭事的な側面としての音楽がそうです。そしてそれが何千年後、何万年後の人間にどのように響くのだろうか？という、ほとんど祈りにも似た行為と、レクイエムという過去へと向かう死者への追悼行為でしか音楽が生き残る道は残っていないような気がするんです。

**こだま**　今の音楽なり芸術は経済の中に絡め取られてしまっているから、結局「売らんかな」になってしまう。売る側のある種の人間達は実に巧妙だからね、結局みんな音楽が必要で音楽を聴いてきたわけではないのかもしれないよな。そんな深いところで音楽を聴いていない。

**磯部**　ただ、そこまで深く聴いていなかったとしても、人の営みに欠かせないからこそ、人は音楽を手放さないんだと思います。僕は彼等を否定はできません。

そういえば、先日、八戸のフリー・コンサートをユーストリームのアーカイヴで拝見しました。たとえば近藤等則さんは瓦礫の中で演奏されていましたが、こだまさんは今回の震災にあたってどんなアプローチをしようと考えましたか？

**こだま**　僕は直接的なことはしたくなかったね。瓦礫の中で演奏するとか、避難所に行って演奏するとか。縁があれば行ってたかもしれないけれど、自ら望んでそこに行こうとは思わなかった。できなかったというか。

それで、八戸で確かに演奏したんだけど、瓦礫も既になかったし、津波被害の復旧も割と早かったところで、ごく限られた船の残骸と殺伐とした風景だけを見たに過ぎなかったから、本当に辛い思いをした人達、大変な被害に遭われた人達と、全然向き合ってなんかいないわけ。だけど、その八戸のフリー・コンサートの時は、会場がそのひと月前ぐらいまで避難所として使われていた市民ホールだったんだよ。避難所の名残でコミュニティ・スペースみたいになっているから人が集っていてね、リハーサルも自ずと公開になって。何人かは年配の方もいてね、僕のリハーサルをパイプ椅子に座ってずっと見てるんだよ。それで、リハが終わって数時間後に本番のステージに上がったら、同じところに同じ年配の方々がいるわけ、帰らずに。で、翌日八戸の商店街を歩いたの。大雨だったんだけど、復興の催しがあって歩行者天国になっていたから。そしたらそこで、「昨日はありがとうございました」って年配の方に声をかけられて。僕よりも少し上ぐらいかな。普段の僕のライブでは絶対に目にしないような年配の方。とにかく僕の音楽と全く接点がなさそうな人達からね、「昨日、演奏聴きました」って声かけられた時にね、来てよかったと思ったよね。

**磯部**　それは、こだまさんの音楽にもまだ発揮されていないポテンシャルがある、ということなのかもしれませんね。こだまさんはご自身の音楽を「個人主義のための音楽」と定義されるかもしれませんが、全く別の面もあるかもしれないということですよ。

**こだま** 僕があまり積極的にいろいろな人達に聴いてもらうような努力をしてこなかった結果でもあるわけで、確かにそういう可能性はあるのかもしれないな。

**磯部** あのアーカイヴを観ていて、今「夏の思い出」はこういう風に響くのか、と感慨深くなりました。きっと、リスナーがそれぞれの心の中にそれぞれの思い出を湧き上がらせながら聴いているんでしょうね。こだまさんの音楽の中にある大衆音楽としての可能性を改めて感じました。

**こだま** うん。そう言われると確かにそうで、自分の中にはいつも矛盾したふたりの自分がいるんだよ。さっき言った、新しい音楽を追い求めていく自分と、それとは逆に、そんな特別な音楽をやってるつもりはなくて、最新の音楽に興味なんかないような人達にも、もっと聴いてもらえるような音楽をやっているつもりでいる自分。もちろん自分の作る音楽の核の部分ではクリエイティビティみたいな張り合いは常にあるんだけど、もっと大きなところではね、もう少し広く分かってもらえるはずなんだけどな、ってずっと思ってきた。でもやっぱり、聴いてもらえる場や環境を作ることに対して、まだまだ努力が足りなかったんだと思うよ。

それで、これもまた矛盾したふたりの自分、我儘な自分という話になってしまうけれど、人間生きていれば「つい最近知り合う人」というものが常にあるわけだよね。そうすると、一応僕も三〇年ぐらい音楽をやってきて、少なからず作品も発表してきて、ライヴ活動もやり続けてきたという自負みたいなものもあるんだけど、同じ世代の人に初めて会った時に、「何やってる方ですか？」と聞かれて、「僕はトランペットやってるんです」みたいなことから始まり、一から話をしなくちゃいけなくなる。それに面倒臭さを感じちゃうんだよ。そういう嫌な自分がいる。八戸で「昨日の演奏ありがとうございました」と言ってくれた人と出会った喜びの一方で、「どういう音楽やってるんですか？」「レコードあるんですか？」とか聞かれて、「一応三〇年やってるんですけど……」みたいなことに面倒臭さを感じる自分もいるんだよ（笑）。つまり、お茶の間には知られていない面倒臭さみたいなものはあるよ。

**磯部**　でも、それこそ自由ということから言えば……。

**こだま**　そうなんだよ（笑）。だからしょうがないんだよ。自分の我儘でそうしてきたところもあるからね。だから今の話は非常につまらない、下らない話なんだけど。

**磯部**　いやいや、人間味のあるいいお話だと思います（笑）。

**こだま**　いずれにしても、残された時間が自分としては大事だから、アーティストとしてできる限りのことはやりたいと思いますよ。ひとりでも多くの人にね、「こだまの演奏は良かった」と思ってもらえるように。

二〇一一年七月一一日　くぐつ草（吉祥寺）にて

てきやてき

**ハーポプロダクション**

**「昭一の穴」から**

放浪芸についての文章を書くために、文献の中を放浪していたらすっかり迷子になってしまった。いっこうに出口が見えてこないのだ。放浪芸について掘っていけばいくほど、放浪芸人たちの痕跡を深追いすればするほど、得たい情報はあやしい霧の中に消えていき、得体のしれない何者かの導きにより気づくと古代史の闇の中に吸い込まれていく。芸能についての調べものは中世で留まるのが身のためだ。しかし僕の興味は中世の芸能民が引きずってきた前時代の「聖性」にあり、その正体を追い求めていくうちに古代に突入せざるを得ないのだが、もうそこは学説と妄想が入り乱れる掴みようのない魑魅魍魎とした世界が広がっている。

古代のロマンに酔いしれているうちはいいが、意識が現実世界にいつまでも戻れない日々が続くとさすがに不安になり、こんな放射能だらけの世界でも戻ってきたいと思うものである。ひょっとすると「芸能」はタイムマシーンのように自分が生まれる以前の古い記憶まで遡ることのできるメディアなのかもしれない。放浪芸について考えるということは、虚実皮膜の縁を逆回しに思考をもって放浪するとても際どい行為なのだ。いや、言い過ぎた。

シロウトがこの世界に迂闊に手を出すと大変な目に会うということなのだろう。俗にこの状態を「昭一の穴」にハマった、という。小沢昭一は、俳優（わざおぎ）という自らの職業のアイデンティティと葛藤した末、消えゆくホンモノの放浪芸を記録する壮大な旅に誘われることになる。ミイラ取りがミイラになるかのように彼自身が放浪（記録）芸人となってしまったのだ。その情熱たるやヘルツォーク映画の主人公の如し。

シロウトである「新劇俳優」の小沢は、クロウト＝放浪芸人に思慕と憧憬を寄せながら（そして決してクロウトにはなれない絶望を抱えながら）まるで何かに取り憑かれたように日本全国、録音機材を持って行脚した。その記録は一九七一年に画期的な七枚組のLP『日本の放浪芸』にまとめられた。その解説書のまえがきに、こう書いている。

さて、ひとまず訪ね終えての感想は、余りにも沢山の材料をかかえこんで、未だに頭の中で未整理であるが、おしなべて、ひとことでいえば、この種の芸能の、断末魔に立ちあったという様な実感のみが残った。わずかの例を除いて、殆どがもう残骸であった。しかし、その残骸にでも接する事の出来たことを私は幸せに思う。もうあと何年かで、それも完全に風化して消滅するであろう。残るとしても、それは『保存』された標本で、生きた放浪芸ではあるまい。いずれにしても、少なくとも中世以来の伝統がいま、消えたのである。

四〇年も前に書かれた文章である。これから放浪芸を追いかけようとする者にとっては、なんともショッキングな記述である。中世以来の放浪芸の伝統はもう途絶えているというのだ。あったとしてもそれは単なるアーカイヴ化された情報であり、生きた放浪芸はもうこの世にない……静かに筆を置き、逃げ出したい気持ちになる。シロウトの先輩（といっても小沢昭一はクロウト中のクロウトにしか思えないが）の大尽力の後にいったい何ができようか。

心配ない。「昭一の穴」は道楽の落し穴であると同時に、スケベな覗き穴でもある。スケベとは好奇心の別名であり、僕はただこの穴を通して、消滅したとされる放浪芸を幻視していくことにする。アーカイヴにアクセスすることから始めればいいのだ。生きた放浪芸は途絶えたというが、その火は完全に消えたわけではないだろう。出歯亀となって穴に張りついていたら、くすぶっている種火を発見することができるかもしれない。

## 香具師の世界を覗く

警視庁発行のリーフレット『東京都暴力団排除条例Q＆A』にこんな記述があった。これは平成二三年十月一日に施行された暴力団排除のための条例をやさしく解説したものである。

Q6　露天商を排除したら祭りがさみしくなるのではないですか？

A　祭礼等で親しまれている露天の中には、いわゆる「的屋」組織とつながりを持つものであり、その売り上げの一部が暴力団の資金源になっている実態があります。したがって、その在り方を改善する必要があり、また露天商の皆様にとっても暴力団との関係遮断を図る契機となって、業界の健全な発展に寄与するものと思われます。

警視庁『東京都暴力団排除条例Q＆A』

縁日の露天商は、放浪芸の痕跡を現代に感じさせる数少ない大道商人である。このQ&Aから彼らの置かれた複雑な状況を読み取ることができる。「露天商」と「的屋」と「暴力団」はどう重なっていて、どう違うのか？

昭和四年に書かれた古い資料ではあるが、和田信義『香具師奥義書』を紐解いていこう。「香具師」と書いて「ヤシ」、または当て字で「テキヤ」と読む。的屋、野師、薬師、矢師などと書く場合もあり、それぞれの言葉に含まれた意味が彼らの来歴を物語っているといえよう。ちなみにこの本の著者は、特高によって常に尾行されていたアナキストで、流民の内にある無政府性を媒介にして香具師と行動を共にしてきたという。彼は香具師を知るための予備知識として下記の四項目を挙げている。

一、香具師は今日一般には露天商人の異名同義のやうに思はれている。勿論単なる露天商とは全然区別されるべきものである。これを彼等自身をして語らしめれば、即ち「神農に非ざる者はてきやではない」と云ふ。

一、香具師は先ず何よりも舌の動きが唯一の資本である。極端に云へば金が一文もなくても、これと目標を立つべき商品がなくても。無論店を持たなくても、既に青山あり、人間の子の住んでいる土地ならば、彼等は決して困ると云ふことを知らない。

一、香具師は元来必ずゲソ（親分子分の縁乃至兄弟の縁）を持っている。

一、由来香具師はその自己防衛の必要上、極めて気のきいた隠語を所有している。即ち彼等が普通人をネス（素人）と軽称し、一勢力を築いて其の仲間と共に神秘的な生き方をするために、自然と完成した創造語である。

まず、香具師（的屋）と一般の露天商を区別するのは「神農」であるという。暴力団、すなわち「博徒」の職業神が皇室の祖神でもある「天照大神」であるのに対し、香具師のそれはなぜかこの中国の神話上の聖皇帝なのである。「ゲソ」と呼ばれる親分子分の組織形態が暴力団と同一視されがちだが、宗教的観点から見ると全く別ものである。

神農は「山野を駆けめぐり百回毒草に当たったが百の薬草をみつけて生き返った」という伝説を持ち、中国最古の薬物書『神農本草経』を著したとされる（実際の編集者は不詳）ことから、売薬業の神として崇められている。香具師がもともと薬売りだったことを考えると合点がいかなくもないが、なぜに中国なのか。この神はいつどのようにやってきたのか。

## 古代史のまがった時空へ

このような深追いは歴史のどつぼにハマってしまうので避けたいところだが、古代史は妄想の入り込む余地が多く、それだけに実は一番面白いところでもあるので、朝倉蕎司『芸能の始原に向かって』を参照にさらっと駆け抜けたい。

朝倉は昭和四八年『新評』に掲載された市川宗明「テキヤの祖先は忍者」という一文を紹介している。その要旨は、神農の渡来は帰化人によるもので、聖徳太子のころに薬の調剤をするようになったのがテキヤのそもそもの始めである。彼らは薬を売る宣伝効果を考えて、妖術、仙術、幻術のたぐいを用いたがこの口上がやがて大道芸を生むことになった。一方、忍者集団も中国の軒轅黄帝を祀ることから同時代の帰化人であるといえる。海を渡ってきた帰化人の多くは海岸地方に居ついて「海人部」という漁撈の民となり、そこから「傀儡子」が生まれそれが山に入って山窩になったとも考えられる。木地師もこの系統である。ともかく、これらの連中がやがて江戸時代になってテキヤを形成した、というものだ。

朝倉は、テキヤにしても日本の漂白民全般にしても、これをすべて帰化人の流れだとしているのは粗雑な論法であると批判しているが、なぜに香具師が異国の聖人を祀っているのかこれで納得できる。むしろ朝倉が神農との関係で注目しているのは、仏教伝来とほぼ同時期、あるいはそれ以前に非公式な形でやってきて地下に深い根を張り巡らした道教（タオイズム）の存在である。道教が根底に持っている「始源への憧憬」「地上に国家ができる以前の人間の様態のなつかしさ」、それ故に国家により異端視され、「おとしめられた聖性」を背負っている神農＝香具師の姿に朝倉は特別な感情を抱いている。

僕が香具師に惹かれる理由も、まず第一に何とも言えぬこの「なつかしさ」だった。子供の頃の縁日のノスタルジックな記憶と関係していると思っていたが（まったく記憶が曖昧なのだが、小学生のとき通学路で子供を惑わす不思議な玩具を売っているあやしいおじさんがいたような……）、実はもっと根が深そうだ。台湾の香具師を追った柳町光男監督のドキュメンタリー『旅するパオジャンフー』を観たときにも同じ感情を抱いたが、古代東アジア全域をフォローした道教の地下茎のように延びた秘密のネットワークみたいなものを夢想してしまう。

そして、舌の動きが唯一の資本という逞しい無産者ぶり、国家管理の外で隠語の通じる仲間たちと神秘的に暮らすその相互扶助とカウンターな精神には強く惹かれるものがある。彼らは独自の隠語を数多く生み出し、自分たちを「やあ様」、「ともだち」と敬称し、俗世間を「ネス」と蔑称する。

まるで「バビロン」を貶すラスタマンみたいじゃないか。やーまん、I&I。彼らは日常生活で劣勢を感じたとしても、精神の面で悠々と超え、俗世界を犯していく。彼らが醸し出す自信に満ち溢れた独特の態度はそのせいであろう。

株主を黒人だけに限定した船会社を設立し、アフリカ帰還を願う黒人たちから大金を集めたラスタファリズムの預言者マーカス・ガーベイ、エチオピアへのパスポートだと称してハイレ・セラシエ皇帝（神農皇帝？）の肖像画を数千枚も売りさばいたラスタの説教師レナード・ハウエル。彼はコミューンで薬草（ガンジャ）を育て、それを販売して大儲けしている薬師だ。野外サウンドシステムでマイク片手にしゃべり倒すディージェイたち。彼らは香具師でいうところの大ジメ師（広い場所を占領し、長広舌を振るって人を集め、弁舌の巧みさに依って商売する者の総称）と見なすこともできるだろう。ここでさらにあやしい話を持ち出すと、聖徳太子のブレーンだった秦河勝という人物を香具師の祖と見る向きがあるが、実は彼ら秦氏はユダヤ人（景教＝キリスト教ネストリウス派）だったという説がある。トンデモ学説の代表とされる「日ユ同祖論」というやつだが、この上にさらにトンデモな「テキヤ－ラスタ同祖論」をおっ立ててみたい。黄色いユダヤ人秦氏をルーツに持つテキヤと、自らを古代イスラエル人の化身とみなすラスタは共通の先祖も持つ兄弟民族である！（自信満々に言い切るのがコツ）

そもそも人々を魅了する舌の動き＝「ハッタリ」こそが香具師の十八番ではないか。手厚く保護された郷土芸能と違い、生きた放浪芸は、鍛え抜かれた舌頭で客を惑わし、金を巻き上げるドス黒さがなければならないのだ。

## シノギ、ネットワーク、信仰

さて、香具師の世界を覗き見することで、これからの生き方を考えるうえで何か参考になることがあるんじゃないかというスケベ心で書き始めてみたが、所詮クロウトである彼らのようにはなれないという小沢昭一の締念を念頭に置きつつ、「ネス」なりになんとか知恵を絞り出してみたい。

数ある放浪芸の穴のなかで、なぜ香具師の穴を覗いたかと問われれば、やはりそれは彼らが芸人であると同時に商売人であるからだと答えるだろう。いや、芸人という言い方は正確ではないかもしれない。彼らの芸はあくまで商売をするための道具であり、人を楽しませるのは商品に注意力を向けさせるためであるからだ。香具師の手口は、昨今よく議論される「アテンション・エコノミー」を先取りしていたともいえる。ネット時代の情報過多状況の中で、無限にある情報そのものよりも、それに向けられる有限な注意力が希少財になっているという議論である（ツイッターを想起せよ）。人々の意識的な注目を集めることを目的に芸を研き上げてきた香具師の技に学ぶ／真似ぶべきことは大いにあるはずだ。しかし、それは人々の注目を巧く惹きつけて金をたくさん儲けよう、ということではまったくない。もう一度『香具師奥義書』の予備知識を思い出してみよう。道教的発想が色濃いこのフレーズ。「極端に云へば金が一文もなくても、これと目標を立つべき商品がなくても。無論店を持たなくても、既に青山あり、人間の子の住んでいる土地ならば、彼等は決して困ると云ふことを知らない。」つまり、彼らは舌一枚で「注目」を集める術を心得ているから、金がなくても心配ないというのだ。「注目」が「金」に代わる交換財になりうるという「アテンション・エコノミー」の考えを先取りしているというのはこのような意味においてである。企業が膨大な広告費をかけて四苦八苦している中、舌をぺろっと出すだけで必要なぶんの金をその場で調達する。なんとも痛快なことではないか。

シノギと関連して注目したいのが、彼らの全国に張り巡らされたネットワーク力である。香具師は放浪するが決して根なし草ではない。全国の同業者のことを「ともだち」と呼び、相互扶助の精神を何よりも大事にするぶっとい根を共有している。全世界的なネットワークを持つイスラエル露天商を彷彿とさせるが、それを言い出すと、また香具師のルーツ巡りと「日ユ同祖論」に立ち返るはめになるのでやめておこう。ここで指摘しておきたいのは、国家や企業が僕らの生存を保障してくれなくなった今、自分自身を企業化（独立プロダクション）し、多種多様な「ともだち」プロダクションと協働していくことの重要性である。市場（しじょう）に奉仕する起業家（アントレプレナー）

ではなく、一時的な市場（いちば）を企てるいかがわしい茶略家になること。それはハキム・ベイの『T．A．Z』を「テキヤ的自律ゾーン」として読み替えるような「企み」であり、僕らのプロダクション活動を絶えず捕獲し続けることで成り立っている認知資本主義の「呪われた部分」を狙い撃ちするようなゲリラ戦を仕掛けることである。全国に散らばった「ともだち」たちがいまシロウトのネットワークを形成しようとしている。「ともだち」の遠方への移住は、希望である。

最後に「信仰」について。特に体系的な教義のないラスタファリズムの唯一の約束事が「ハイレ・セラシエ皇帝は生き神様」であり、それが香具師にとっては「神農に非ざる者はてきやではない」であった。そう、すべては信仰ありきなのである。信仰を持つことが彼らの強さなのである。香具師とジャマイカ人の口上における自信たっぷり余裕感の秘密はそこにある。

今回の大震災によって、なんとなく国民に支持されてきた既存の信仰体系の土台が見事に崩れ去ったように思える。世の不安がつのるにつれ、人々は何かに頼ろうとする。これから新しい信仰が雨後のタケノコのように乱立しても何の不思議もない。それは、一遍上人の「踊り念仏」や幕末の「ええじゃないか」のように、「宗教」というよりかは「熱狂」と表現するほうが適切な何かかもしれない。集団性に埋没するのが嫌なら、D・iY宗教なんてものを静かに実践するのもいいだろう。自分の中で勝手に自分の信仰対象を作り、決して誰にも布教活動せず、秘かに信仰し続けること。一見、馬鹿らしいことのように思えるが、信仰が人を支える力というものは、その内容にあるのではなく、信仰そのものの性質の中にあるとすれば、むしろ馬鹿らしいものを信仰したほうが、その質の強度は高いということもありうるのではないか。

僕は原子力エネルギーを信仰する。人間ごときでは到底コントロールできない圧倒的な核様の力の前にわれわれはひれ伏すしかないのだ。全廃炉になった原発跡地に核様を祀る神殿を作り、核様を鎮めるための祭りを毎年開催するのはどうか。やっと出口が見えてきた。想像もつかないほど遠い彼方の縁日で、未来の香具師たちが待っている。

テキヤ　イズ　フューチャー

# 2章
# でも・デモ・DEMO

# One Step To Live

## リクルマイ×ルミ

聞き手・構成：二木信

リクルマイとルミのこの対談は二〇一一年七月一二日に東京・高円寺で行われたものだ。歩いているだけで汗が吹き出してくるような、夏の暑さが本番を迎えようとする時期だった。街中では至るところで節電が呼びかけられていた。

3・11以降、「音楽に何ができるのか？」という問いに多くの音楽家が応答してきたが、議論のテーブルにつくよりも先に、素早く、そして大胆に路上に躍り出ることを選んだのがリクルマイとルミだった。二人は共に、反原発デモでライヴを行っている。また、被災地支援の活動にも携わってきた。四月、五月の段階ではまだ輪郭のはっきりしない反原発デモの中で、彼女たちの音楽は生々しく力強い声となり、反原発デモに方向性を与えた。

対談から八ヶ月、あの悲惨な震災と原発事故から一年が経とうとしている。この一年の時間感覚は奇妙だった。一週間前のことが遠い昔のように感じられたかと思えば、一ヶ月が半年の月日のように濃密に思える時があった。めまぐるしく変化する日々が、私達の感覚を狂わせたのだろう。数ヶ月前の言葉が突然、カビが生えたように古臭くなってしまうことがあり、また逆に色鮮やかに輝き出すこともあった。

リクルマイとルミの言葉は輝きを失っていない。二〇一一年の重要なドキュメントであり、3・11以降をこの列島で生きる生活者の思索の軌跡であり、多くの人々にヒントとエネルギーを与える対談である。そして、言うまでもなく、この国のレゲエ、ヒップホップを熱心に聴いてきた音楽ファンにとっては、鳥肌ものの邂逅である。レゲエ・シンガー・リクルマイとラッパー・ルミの超ロング対談をお送りしよう！

## 三月一一日の大地震

——まず最初に、震災当日の三月一一日、二人は何をしていましたか？

**ルミ**　三月一一日は日本にいませんでした。ロンドンにいて、滞在先のインターネットの環境もあんまり良くなかったから、震災の詳細なニュースをつかめてなかった。それでも、ツイッターを見ていて、なんかヤバそうだってことだけは分かった。スーパーで買いものしていると、「お前、日本人だろ？　大丈夫か？」みたいに心配されたりもして。コスモ石油の製油所が爆発したらしいって情報が入って、これはただごとじゃないなって。情報が少ないから、もう地獄絵図みたいなことになっていると思っていた。SKYFISHやDJ MEWちゃんも別で来ていたり、GOTH-TRADもライヴをやりにきていて、たまたま色んな人がその時ロンドンにいたから、「どうする?」って話になって、GOTH-TRADが最初に日本に帰った。残りのみんなはとりあえず家族に電話して安否が確認できたから帰国予定日までいたんだけど、落ち着かなくて。入ってくる情報も文字ばっかりだから、どれぐらいのことになっているのか全然分からない状態で、ちょっと不安を感じながら遊んでた。それぞれ一人旅で集まっているから帰る時期がバラバラで、先に帰る人と「日本に着いたら、絶対に状況を知らせてね」って約束したんだけど、誰も連絡してこなくて余計不安になってた。

——日本にはいつ帰ってきたんですか?

**ルミ**　三月二七日です。とりあえず人と話をしたかったから、虎子食堂（渋谷にあるダイニング・カフェバー）に行きました。それで、東京では思っていたよりも被害は少ないということが分かった。水がないとか、そういった類の問題だけだということを把握して、ちょっと落ち着いた。

——なるほど。

**ルミ**　その一方で、原発事故や政府の対応については、みんながすごく怒っているだろうなって想像していて、自分が身を置いているヒップホップのシーンやクラブのシーン、ハードコアのシーンはとんでもないことになっているだろうなって。みんな爆発しているだろうなって。その部分はちょっと期待して帰ってきたんです。でも、自粛ムードでみんなライヴもやっていなかったし、渋谷のクラブを覗いても、ぜんぜん開いていなくて、「これはマズイ」と思った。

　自分はミュージシャンだから今叫ばなきゃいけないんじゃないかなっていう気持ちがありながら、ミュージシャンのあり方についてもしばらく考えちゃって。東北のためにやれることがあるんだったらやろうという気持ちはあったけど、今自分達が怒るのが大事なのか、東北の被災地に行ってボランティアをするのがいいのか、チャリティで音楽を作って被災者の人を元気づけるのがいいのか、色々考えた。実際にチャリティ・ソングを作った人達もたくさんいたでしょ。でももっと爆発的に怒るヤツが出てきてもいいんじゃないかなって思った。そういうヤツがいなくて、すごい不思議に感じたし、ちょっと苛立ったんだよね。今まで平和な中で怒っていた人達が怒らないのはどういうことなんだろうって。そんな時に、デモの誘いが来たから、ここで言うしかないじゃんって。

――三月二七日に帰ってきて、四月一〇日に高円寺でやった「原発やめろデモ」でライヴをしているから、その間に僕から依頼しているんですよね。ルミさんの決断は早かったですね。

**ルミ**　私はデモとか参加したことがなかったし、まさか自分がデモに関わるなんて想像もしてなかったから、最初はやっぱり色々考えた。色んなこと言う人もいたしね。でも、その時々に思ったことを言う、というスタイルは事故前も後も変わらない私のやり方だなって。だから、やることにした。

――マイさんは地震が起きた時、何をしていましたか？

**リクルマイ**　私は地震の時は家にいました。金曜日だったじゃないですか。週末のライヴに備えて家で色々準備をしていたんです。私の家は国立なんですけど、大きく揺れて、「あっ、こりゃすごいな」と。震源地が東北沖だということが分かって、まず岩手の実家に電話したんです。幸いにも家族は無事だということがわかって電話を切った後にテレビを観たら、大津波警報が出ていて、「これはヤバイな」って。実家は岩手県の宮古市で海沿いなんです。だから、心配になってもう一回電話したら見事に繋がらなかった。結局一週間以上繋がらなかった。こういう時は電話しちゃいけないと言うけれど、うちの母も六〇過ぎだしネットもやらないから、とにかく電話するしかなかったんですよね。数え切れないほどかけました。で、最初に叔母と繋がりました。叔母はauだったから。ドコモもソフトバンクも全部だめでした。叔母を伝って母とも繋がって、家族は大丈夫だということがわかった。家の母は市街地で電気屋を経営しているんですけど、そこは海から二、三キロ離れているだけなんです。だから、そこにも津波が押し寄せてきて小学校に避難したそうです。こっちとしては、テレビであのものすごい津波の映像を見ているから、連絡がつくまでの一週間は悶々としていました。

——実家にはすぐに駆けつけることはできたんですか?

**リクルマイ**　すぐに車で帰りたかったんですけど、地震直後でガソリンが手に入らないのもあって。ガソリンも確保できないし、今帰ってもおそらく救援物資を運ぶ自衛隊が優先で、一般車両は規制がかかっているだろうなと。一応家族とは連絡が繋がったので、帰れる時期を待って三月末に帰ったんです。現地に行って、事の甚大さというか……。変わり果てた故郷の姿に言葉がなかったですよね。唖然としました。津波の引き波で遠浅になっちゃって。海沿いの道路はアスファルトが遭遇しちゃったんだなって。それぐらいの惨状でしたね。

ミリッと剥がれちゃっているし、海岸にコンクリートの塊があったり、ビルの上に車があるような
ありえない光景が広がっていた。もう本当に「なんじゃこりゃ?」って感じでした。私の親戚でも
亡くなった人がいるし、友達で家族を失った人もたくさんいました。本当に千年に一度の大地震に
遭遇しちゃったんだなって。それぐらいの惨状でしたね。

　私も音楽をやっているから、何ができるかは分からないけど、何かをしたいと思った。でも、難しいですよね。私と相棒のギタリストKくんとクルマに乗って、いきなり被災地へ「歌いに来ました〜!」なんてノリで行ったとしたら、さすがに不謹慎っていうかね。こっちがそんなテンションで行って、被災者の方に「今それどころじゃない!」って言われたら、すごすご帰るしかないでしょ。そういうことは、あちらが求めてくれたらやればいいと思っていたから。まずは自分の家族の繋りで、公民館とか避難所に行ってできることをやるのが最優先だろうと。そう考えていたんですけど、私が地元でお世話になっているお寿司屋さんから歌ってくれないかって頼まれたんです。彼の家にも津波が襲ってきて、一階のお店部分がめちゃめちゃになっちゃった。その人は避難所にいて、そこには子供達もいるから歌ってくれないかと。「そういうことでしたら、やらせていただきます」って。漁協のビルに子供達を呼んでライヴをやって、次の日にも避難所の中学校でミニ・ライヴをやった。やっぱり子供が喜ぶと、大人も喜ぶんだよね。私の故郷は見事に田舎なので、「レゲエ・シンガーです!」って言っても、「シーン……」みたいな、ね(笑)。「リクルマイです!」「誰?」みたいなノリだから、「宮古市出身のリクルマイちゃんです、よろしくね!」みたいなノリで出ていって、

みんなが知っているジブリの曲や坂本九の曲を織り交ぜつつライヴをしました。すごく辛い状況だったけど、ちょっとした励ましの言葉を混ぜてね。あとはいつものリクルマイのノリでコール&レスポンスやって。子供は楽しいことなら言葉も理屈も関係なく反応してくれるから。そんな子供達の様子を見て大人も、「ああ、良かった」と思ってくれたみたいで。そういう場所で自分が何かできたことは良かったなって思った。

でも、そういうのは一週間滞在しているうちの最初の二、三日でしたね。それ以降はわりと粛々と家の瓦礫を片づけたりとか、泥の掃除をしたりとか、お手伝いしていました。それと、近所の学校の体育館が遺体安置所になっていたんですよ。そこで、生々しい人の死に直面してしまったというか。身元が分からない遺体がたくさんあって、いつまで経っても供養できない状況を目の当たりにして、本当に大きなショックを受けてしまって。後半はシュンとしていましたね。

それで、ちょうど私が宮古から東京に帰るその日が高円寺のデモだったんですよ。ツイッターでルミちゃんとかがライヴやるのを知って、いよいよ東京でもそういう動きが出てきたんだなということを知った。

## 震災直後のアクション

——二人とも動き出すのが早かったという印象がありました。地震後、ショックで絶望して無気力になってなかなか動き出せない人もいたじゃないですか。ミュージシャンだったら、すぐに音楽をやる気になれなかったという人も多かった。二人は地震直後、絶望感や無力感みたいなものは感じなかったですか？

**ルミ**　それはなかった。私は地震の揺れそのものを経験していないから感覚が違ったのかもしれない。ロンドンにいる時に、いちばんヤバイと思ったのは、赤ちゃんの服やミルクやオムツがないとか、母親の食べものがなくて母乳が出ないとか、そういうことだった。やっぱり赤ん坊は希望の塊というか、みんなで守らなきゃいけないものでしょ。そこで、自分に何ができるかを考えた。震災直後はみんな赤十字に募金したりしていたと思うけど、そういった類の募金は良い悪いじゃなくて、被災者の手に渡るのが遅いというのを知っていたから、今は募金より、とにかく物資を用意して届けなきゃだめだと思って。どうやったら届くんだろうという焦りはあったけど、何もできないとは思わなかった。それで、虎子食堂と協力して、NPO法人いわき子育てネットのネットワークを通して被災地に子供服とか靴なんかの支援物資を送ったりしました。

**リクルマイ**　私は実家のことでいても立ってもいられない歯痒い時間を過ごしたから、宮古に行ったらもうやるしかない、というスイッチが入ったんだと思う。クルマに積めるだけの物資を積んで、宮古に入りました。

それこそ、赤十字の募金はいっぱい集まっているけど、多分いまだに半分も被災者に届いていないんじゃないかな。被災して避難している人々を見て、彼らを待たすのは絶対ナシだと思ったから、ダイレクトに顔が見える募金にしようと思い、宮古でユニオンを作ったんです。漁で使う小型ボートをサッパ船って言うんですけど、津波でほとんどが大破したか海に流されてしまったんです。そのサッパ船を買うために募金を募ろうと立ち上げました。漁師達は難を逃れた何艘かの船をみんなでシェアして、避難所から漁に出ていました。朝がものすごく早いから、他の人達に迷惑をかけないように静かに起きて。宮古は漁業が町のシンボルで、漁を再開させないと食いっぱぐれてしまう。私も三陸の漁師達がもたらす美味しい海の幸で育っているから恩義があるんです。だから、サッパ船を買うためにみんなで募金しようということになって、「Likkle Mai LOVE BOAT募金」というユニオンを作りました。ちなみに名前は地元のおじさん達のセンスですよ(笑)。横文字にした方がマイちゃん的にはいいんじゃないかって。そういうおじさん達の気遣いを無下にもしたくなかったから、それでやらせていただいています。

——東北の被災地の甚大な被害の一方で、首都圏でも水道やガスや電気が止まったり、スーパーからものがなくなったり、原発事故の問題が起きたり、色々な形で震災の影響があって、混乱しましたよね。

**ルミ**　オイルショックを経験している世代は、スーパーから食べものや水がなくなった光景を見たことがあると思うけど、私は生まれてからこの方、スーパーの棚からものが消えたのを見たことがなかった。あれで参っちゃったというか、どうなるんだろうって不安になった人はすごく多いと思う。ロンドンから帰る時に母親に電話して、「米とか送ろうか」って言ったら、「東北の人はものがなくて困っているのに、物流を関東に使うんじゃない」って言われてハッとした。

――確かに、東北地方の被災地はもっと酷いんだから、他の地域の人は我慢して自粛しよう、というムードはありましたよね。でも僕は、こっちがあっちに比べて不幸だとか、あっちに比べればこっちはマシだとか、そういう比較は何か違うという気持ちもあった。

**ルミ**　人の気持ちに激しい温度差があるって東京に帰ってきた時にすごい感じた。「原発がヤバイ」って言って、もうとっくに西に疎開した友達もいれば、「ぜんぜん余裕っショ」みたいなことを言っている人もいたし。

**リクルマイ**　東北の被災地だと、目の前にある津波被害のことでもう精一杯だから、私は最初原発のことを考える余裕がまったくなかった。でも、宮古から東京に帰ってきたら状況が一変していて、私の周りは原発問題一色っていう感じでしたね。国立っていう土地柄もあるし、レゲエというジャンルにはもともと原発問題に興味や関心を持っている人が多いから、もう即行で沖縄に避難した人もいっぱいいいたしね。それと私の周りでは、男性の声よりも先に女性の声が多く聞こえてきた。

――確かにその印象は強かった。女性の方が圧倒的に行動力があった。MAYURIさんも四月一〇日のデモでDJをやりたいって言ってきてくれたし。

**リクルマイ**　やっぱりね、「子供を守る」っていう女性の真剣さ、「放射能が危ない」という母親の危機意識ですよね。お勤めしている男性は、会社勤めの建前とかもあるじゃないですか。自分は子供がいないんですけど、姪っ子や甥っ子がたくさんいて、「絶対に外に出さないで!」って妹に電話した。

**ルミ**　うちも姪っ子が四人いるんですよ。大人は自分の考えで行動すれば良いと思うけど、子供はそういうわけにはいかない。神奈川と埼玉に住む姉二人に放射能のことや原発のことを説明したんだけど、「ルミがまたわけの分からないことを言っている」みたいな感じに捻じ伏せられそうになって、姉達にはあんまり響かなかった。保育園とか小学校で、周りも何も気にしていない環境だと難しいですよね。保育園のお母さんとかがみんな騒ぎ出したら違うんだろうけど、末っ子の私が言っても、「またまた」みたいな感じで。「陰謀論なんじゃないの」みたいな感じで。改めて家族の中での自分の立ち位置がはっきりしたというかね（笑）。

――それはつらいね（笑）。保育園に子供を預けている女友達は大変だったみたい。保育園で放射能や原発の話をすると、ヒステリックな人っていう風に見られるから、腹を割って話ができないって。それでだいぶストレスが溜まったって。震災直後はそういう同調圧力は今より強かったですよね。

**ルミ**　あったよね。今でも給食に福島産の野菜を使っているとかもあるし。子供を持っているお母さんの中でも温度差がある。デモでもプレイしたDJ TASAKAさんの一家が家の近所に住んでいるんですけど、幼稚園の中で他の家庭との温度差がすごいあるってことを仰っていて。色々知っている人は知れば知るほど不安になるし、ヒステリックになるのはある意味正常な反応だと思う。事実を知った上で平然としていられる方がおかしいっていうか。女の人はよくヒステリックとか言われるけど、感情が露骨に飛び出してしまうその感覚があったからこそ、女の人が先に動いたっていうのもあると思う。でも、極力今までと同じ暮らしをしたいし、そんな騒ぎ立てたくないし、ヒステリックになんかなりたくないと構えている人達に、いきなり全部突っ込んで説明しようとしても引いちゃうだけだから。どうやってあまり興味がない人に柔らかく伝えていくかは課題ですよね。

## すべては社会の縮図

――二人はミュージシャンとして、またはアーティストとして、世の中に真実や事実を伝えていかないと、という意識はありますか？

**ルミ**　それはありますね。まぁ、ミュージシャンとしてというよりは、人として。

**リクルマイ**　私もありますね。私がこの状況で感じたのはやっぱりボブ・マーリーや忌野清志郎は本当のことを言っていたということなんです。原発は、巨大利権を持つ大企業や一部のお偉いさん方が、私達一般市民に危険なものを押しつけて儲ける、というバビロン・システムに支えられているじゃないですか。たまたま原発事故という形で今回は表れたけど、バビロン・システムそのものをなんとかしなきゃ、根本的解決は無理だろうなっていうのをすごく感じた。バビロン・システムに抵抗してきたという意味では、レゲエもヒップホップもパンクも根底はいっしょだから、ジャンルのことをどうこう言うつもりはないけど、自分が信じてきたルーツ・レゲエのメッセージはこの時代にこそ響くものだと再認識したんです。「リクルマイ、ここで何も言えないようじゃだめじゃないか！」と。

リクルマイ（2011年5月7日、渋谷「原発やめろデモ」）

震災の二週間ぐらい前に新しいアルバムのレコーディングをしていたんですね。その時はもちろん地震が来るなんて思っていなかったけど、「バビロン・システムにさよならしよう」というメッセージを込めた歌を作っていたんですよ。その二週間後に地震が起きて、アルバムどころじゃなくなって。ライヴも一気にキャンセルになったので、これからどうするんだろう、仕事は入ってくるのかなって、そっちの心配もあったから。でも、作品は体が元気なら作るしかないと思ったから、五月から録音を始めて、今の状況をメッセージに込めています。

――ルミさんは「邪悪な放射能」やTHE HEAVYMANNERSのアルバムに入っている「誰かのあの子」という曲で、震災以降の状況や原発事故についてリアクションしていますよね。どちらの曲も「復興のためにがんばろう」とか「被災者を勇気づけよう」とかではなくて、原発はいらないという意思表示だったり、怒りの表明だったり、もちろん希望の歌なんだけど、明確な異議申し立てを含んだ表現ですよね。

**ルミ**　「邪悪な放射能」をリリースする時に、タイトルをどうするかはすごく悩んだ。DIY HEARTS（配信システムDIY HEARTSを活かした募金のプロジェクト。音楽、動画、漫画、小説、アプリなど、さまざまな作品が投げ銭式で値づけされ、売上は東日本大震災の復興支援に役立てられている）っていうチャリティ・サイトに曲をアップしたんだけど、DIY HEARTSの人から、福島の人達が放射能差別を受けていて、放射能っていう言葉に敏感になっているから、「邪悪な放射能」ってタイトルの歌が出るという情報だけを見た時に、その言葉で心を痛めるようなことがあるんじゃないか、みたいな話をされて。歌を聴いてもらえれば、差別の歌じゃないことを分かってくれると思うんだけど、もしかしたらそういうこともあるかもしれないと思って、「邪悪な×××」っていう表記にしたんです。

――なるほど。そういう経緯があったんですね。

**ルミ**　そう。それで、震災後にライヴで福島に行ったんですよ。そしたら福島の人は誰もマスクをしていなかった。なんかもう東京以上に、あたかも原発事故や放射能の問題が存在しないかのように見えた。私が行ったのはいわきだったんだけど、原発事故前は、町のホテルも東電本社の人達が出張する時に使われるぐらいで、閉まっているところもいっぱいあったらしいの。でも、今回の原発事故で、東電の下請け会社の作業員向けにホテルを丸ごと借りたり、それに伴ってホテルの近所の居酒屋も繁盛したりするから、経済が微妙に潤っちゃったりして。だからそこでは、東京の私達よりも、放射能とか原発の問題に関して簡単に触れられないような状況がある。

**リクルマイ**　なるほど。

――皮肉な話ですよね。

**ルミ**　うん。実際イベントに来ていた子が、自分の住んでいる地域が来月から避難区域だから出ていかなきゃならない、みたいなことを言っていて。MCバトルのイベントだったから、「原発」ってワードがフリースタイル（即興のラップ）中に唐突に出てくるんだけど、あまり突っ込んだ表現はなかった。私はそのMCバトルの合間の自分のライヴで、どう表現したらいいか悩んだけど、言うしかないだろうと思って、「原発なんて関係ないってラップしてるヤツいたけど、思いっきり関係あるよ」って言った。福島の人は私達以上に受け止めるのは苦しいと思うけど、現実を受け止めてもらって、怒りの矛先を間違えないようにしてほしい。怒る相手は国や東電であって、地元から出ていく身内を責めたりしないでほしい。怒りの矛先を間違え出しているのが怖かった。都心で使う電気を他県で作っていることとか、今の放射能の状況についてとか、本当はもっとみんなで喋る場所が必要だと思うんだけど、その過程で仲間とか身内でいがみ合うのは悲しすぎる。

**リクルマイ**　東京で消費される電力が福島の原発で作られていたということ。そしてその原発の事故で、福島の人が多大なリスクを負わされ苦しんでいるということ。この歪んだ構造を、今の今まで成立させてしまっていたことに気づかされてしまった。そのことをミュージシャンとして、というか一人の人間として伝えていかなければならないという気持ちはある。もちろん、ルミちゃんが見てきたように、福島の人が口を閉ざしてしまう現実もあるんだろうけど。

**ルミ**　さっき「無力感に襲われなかったか？」という質問があったけど、私が無力感に襲われたのは地震と原発事故からしばらく経ってからだった。原発の利権構造とか、東電や東京のために過酷な現場で働いている人がいる現実とか、色々なことを知った後だった。もちろん原発だけじゃなくて、たとえば一〇〇円ショップにしろ、ファスト・ファッションの大企業にしろ、中国や東南アジアの低賃金労働者がいて成り立っているわけでしょ。それって全部社会の縮図じゃないですか。自分が、一部の人達にリスクを押しつけてはいけないと考えたところで、実際の自分の暮らしは、そのリスクを負わされた一部の人達の存在によって支えられていたりもする。そのことについて、自分の中でどう答えを見つければいいんだろうって考えた時に、無力感に襲われることもあった。今でもそうだけど。

**リクルマイ**　今ルミちゃんが話してくれた問題に終わりはないよね。震災以降、気持ちがワサワサしていたけど、それでもライヴはガンガンやっていて、五月にはフィリピンにライヴしに行ったんですよ。フィリピンは貧富の差が激しくて、ダイオキシンまみれのゴミの山で漁ったものを売って暮らしているような人もたくさんいた。でも、フィリピンにあるような貧しい暮らしは日本が通って来た道でもあるんだよね。私達は幸い、戦後、しかも右肩上がりの高度成長期の後に生まれて、物質的に恵まれた環境で育ってきたけど、私達よりも前の世代は、戦後の焼け野原で危険と極貧にさらされて生きてきて、公害問題を始め様々な問題を抱えつつも、なんとか復興してきたと思うんだよね。もちろん今の原発の問題とはまた違う話ではあるけど、福島の人が犠牲になっているという現実を考えると、今できることはそういう不幸をくり返させないことだなって。本当に考えさせられますよね。

### 反／脱原発デモに参加して

――四月一〇日に一回目の「原発やめろデモ」が高円寺であって、ルミさんはそのデモでライヴをしていますよね。マイさんは五月七日の二回目の渋谷でライヴをやった。高円寺も渋谷も一万五千人ぐらい集まったんですけど、率直に、デモに参加してライヴをやって何を感じましたか？

**ルミ**　震災後、自粛ムードでそんなに遊べなかったのもあるし、四月一〇日に同じ思いを抱えている人が一万五千人集まったという時に、みんなすごい笑顔になっていたよね。みんな人と共感したかったんだと思う。一回目は集まったことで安心してはしゃいじゃった感じかな（笑）。それは必要なことだったと思うんだけど、デモに参加していない沿道の人から、「この人達は真剣なのかな？」っていう目で見られているのも感じた。騒いでいるしね。でも、「原発は危ない」という思いを持った人が、自分の周りでは少数派だけど、デモに行ったらこんなにいるんだって嬉しくなって、勇気づけられた人もいっぱいいる。人と話したり共感することが、こんなにも人に力を与えるんだと感じた。自分のライヴに関しては、普段のライヴと変わらなかった。私はライヴで曲をやる前にフリースタイルをやるから、自分でも何を言うか分からないところがあって、普段思っていることが言葉として出てくるんだけど、道でやっていればそれに反論する人も出てくるだろうと思っていた。でも、私に直接反論してきた人はいなくて、インターネットで言われた。

――ツイッターで議論していましたよね。

**ルミ**　そう。今の時代の嫌な面が出たと思った。本当は「お前、何言ってんだよ！」って直接言ってくる人が出てきてもおかしくないんですが、そういう人は一切出てこなくて、顔を合わせない形で言ってくるっていう。デモに出る前から、ツイッターで原発反対と言っていたら、「デモに出るな」とか、色んな嫌がらせがあった。そういう人がどういう感覚でやっているのかわからないけど、私は文字で送られてきても全然ピンとこない。「文字打っただけで、何かを変えられると思ってんのか、こいつ！」って呆れるだけ（笑）。政治的な活動をしてほしくない、みたいなファンもいた。あとは、私のことを何も知らないけど、今まで原発のことを歌ってこなかったくせになんで突然言い出すんですか、みたいな批判めいたメールとか。そういうので答えられるのは全部答えた。「今まで原発に反対って言ってこなかったのに、急に言い出すのはおかしい」みたいな批判は、私だけじゃなくて色んな人が言われたと思うけど、過去は変えられないし、今まで言わなかったことに対しては反省することしかできないけど、「なんで気づいちゃいけないの？」っていう疑問があって。今回の原発事故がきっかけで気づくことがあって当然じゃんって。自分はこういうことやっている以上、答えていかなきゃいけないと思ったから答えていた。

**リクルマイ**　私は五月七日の渋谷がデモのデビューだったんですよ。「デモに行ったこともないのにいきなり歌う側でいいのだろうか」とか、「他のデモで歩いてみてから出るべきではないだろうか」とか考えたんだけど、言いたいことがあって、私を選んでくれた方がいるなら、やるしかないと決心した。私は原発の専門家じゃないから、自分なりに「原発は危ない」「原発はいらない」っていうシンプルなメッセージを歌おうと。歌だから、ラップほど言葉が直接的ではないけれども、「さよならバビロン」っていう歌を「さよなら原発」に変えたりして。サウンド・カーに上った瞬間に迷いは消えて、「自分、叫んだれ！」みたいな（笑）。すごく気持ち良かった。デモのライヴでコール&レスポンスをする中で、みんな声を大にして訴えて騒ぎたかったんだ、こういう場が欲しかったんだ、というのがすごく分かった。一人で悶々として心配を抱えているよりも、みんなで外に出て脱原発を叫ぶ、それはそれで健全なことじゃないかなと思った。デモの日は小雨で、それこそ被曝しちゃう心配もあったけど、みんな雨合羽着てね、自分の声を出して発散するのは健全な行為だなって。ストレスを抱えて生きていく必要はないし、不満や不安を爆発させる場所がサウンド・デモだったんだと思う。

また面白いことに、渋谷のデモが終わったら、地元の方に声をかけられたんです。「リクルマイさんのパフォーマンスを見ました。国立でもデモをやるので参加していただけませんか」というお話をいただいて、実行委員として参加することになった。八ッ場ダム建設の反対運動をしてきた方とか、元全共闘の日大支部の方とか、立川の自衛隊官舎のポストに反戦ビラを配布して逮捕されてしまった方とか、なんか錚々たる運動家の方々がいて。そういう方の隣に座って、すごい場に来ちゃったなと思いながら（笑）、でも、思いはひとつというかね。「原発どうする！　たまウォーク」というタイトルで、六月一一日に実施しましたが、七〇〇名の方が集まりました。そのうちの約五〇〇名が女性だったんです。

――それはすごい！

**リクルマイ**　うん。本当にわんさか集まってくるの。和服を着て日傘を差した六〇歳ぐらいの女性とか、もっと年配の知的でもの静かな女性とか、とにかく女性が多くてね。「ブログを見て来ました」という方もいたし、「私が会社で原発は危険だと言っても誰も賛同の声を上げないんです」と話しかけてくる方もいた。それがお勤めしている方のリアルな感覚だろうなって。あとは親子連れですね。多分そういう方々は、渋谷とか新宿までは遠くて行けないけど、地元の国立だったらということで来ているんですね。それこそサイレント・マジョリティというかね。国立のほっこりした場所柄というのもあるし、そういう雰囲気になったんだと思う。渋谷とか新宿のデモとは対照的な光景だなって私は思いました。もちろん、どっちが良い悪いじゃなくて、どっちも良かった。ダイレクトに発散する渋谷や新宿のデモも快感だったし、同じ女性として、年配の方から若いお母さん世代、そして小さな子供までいるデモもすごく賛同できる。こういうデモがやりたかったと思えるもので勉強になりましたね。

――色んなタイプのデモがあって、どれに行くかを選べるというのはいいですよね。

**リクルマイ**　国立ではどういうパフォーマンスをするのがいいのか、結構考えましたね。サウンド・デモは音の力もあるし、サウンド・カーにへばりついて観てくれる若い人も多いですよね。ライヴに来てくれている層というかね。なんとなく雰囲気も予想しやすいし、サポートしてくれる音楽ファンがいる感じがする。世代的にも私に近いという安心感があった。一方、国立のデモは参加者の世代や層が違うし、女性も多い。そう考えた時に、ただ声高に叫ぶ感じではないだろうと。面白かったのは、保育所の前を通る時に、子供がお昼寝中だから静かに歩きましょうね、みたいなことがあったこと。従来のデモという概念からすれば、それはいかがなものか？ということになるかもしれないけれど、それが多摩や国立らしさだなと思った。そういうほのぼの調のデモもこれからの時代はありかなって。ほのぼのはしていても、お母さん方もお年を召した女性の方も、「原発は危ないからいりません！」という態度ははっきりしているんですよ。

**ルミ**　デモによって役割が違うんでしょうね。両方すごく必要なものだと思う。新宿とか渋谷でデモをやると、見る人数も圧倒的に多いし、若くて、元気があって、活動的な人からしたらアクセスしやすい。会社もいっぱいあって、アピールするにはいいけど、マイさん自身が住んでいる町、地元でやれば、近所の人達が来るわけじゃないですか。近所の人達と意見を交わすのってすごく大事だと思う。たとえば、学校給食に汚染された野菜を使うなって活動する時にもそのまま繋がっていける。地域で動くのも、すごく重要ですよね。

**リクルマイ**　全くその通りです。国立のデモには、年間被曝許容量二〇ミリシーベルトという基準に反対する署名の活動をされている方もいたんです。私がその署名の紙をいただいて、デモの数日後のライヴ会場で関係者や仲間、お客さんに署名をお願いしました。デモを通しての繋がりから、音楽界界隈では聞けない情報を聞くことができるってことは、原発問題の素人の私にとってすごく有意義なことなんですね。そのきっかけを作ってくれた素人の乱の人達に感謝しています。原発事故は間違いなく負の出来事だけど、そういう活動を通して共鳴できた新しい出会いは有益なものだなって。

――それは僕も震災以降、強く感じていますね。ある友だちの女の子は「最悪の形でスイッチが入っちゃった」と言っていた。確かに震災や原発事故は悲惨な出来事だけど、今この時期でしかあり得なかった新しい出会いがあって、そこから生まれる創造的な出来事がたくさんあった。デモもそのひとつだと思っていて、今後デモのあり方や意味も大きく変わっていくと思う。

**ルミ**　フラフラ町を歩いている時にデモを見ても、自分とは関係ないことだと思ってしまうかもしれない。けど、原発の問題は東京の人だったら全員当事者だと思う。東京電力が発電した電気を使っているし、実際、東京にも放射能が飛んできているし。やっぱり、お姉ちゃんや母親を見ていると、テレビや新聞の報道を信じているんだなって思うし。

**リクルマイ**　そうなんだよね。

**ルミ**　私が「危ない」と言っても、「そんなに危ないんだったら政府が何にかするでしょ」って返されちゃう。なんだかんだ言って、テレビや新聞をすごく信じてる。

**リクルマイ**　それが現実ですよね。

**ルミ**　自分の頭で考えて行動するっていうよりは、誰かの考えが発表されるまで、反応しないでじっと待っている感じがする。

**リクルマイ**　うん。まさに思考停止なんだよね。それでもまだ、都会にはいろいろなライフ・スタイルがあるから、テレビや新聞の報道を鵜呑みにする人ばかりではなくて、テレビを見ない、テレビ報道なんて信じない、という人もたくさんいるけど、地方は人口と娯楽が少ない代わりに、高齢者とお上の言うことを信じてしまう純朴な人が多い。岩手も圧倒的に高齢者の人口比率が高くて、

「テレビがないと生きていけないじゃない。年寄りの唯一の楽しみはテレビなんだから」みたいな感じです。特にNHKを信頼している。NHKの報道は正しいって考えている人は多いと思う。

――でも一方で、震災以降、「テレビなんて信じられない」とテレビに幻滅した人も多いだろうし、テレビ離れが進むんじゃないですか。

**リクルマイ**　逆の場合もあると思います。今回の震災で、テレビが頼りになるという実感を多くの人が持ったんじゃないかな。もちろん世代や地方によって違いはあると思いますが。岩手、宮城、福島の漁村や山村は、圧倒的に六〇歳以上が多いでしょ。六〇歳が八〇歳の面倒を見ていたりする。六〇代の私の母親は小売家電のお店を経営していて、テレビなど家電を売る側にいるし、ある意味でオール電化を推進する立場にもある。母親から、復旧のためには電気も必要だし原発のある福島の人達は補助金をもらっているじゃない、って言われて。私も自分の親だから、歯に衣着せない感じで反論してしまって、バトルになってしまった。被災した母を励ますつもりで帰ったのに、むちゃくちゃ言い合っちゃって、すごいへこみました。後味の悪い思い出になってしまった。

**ルミ**　あと、テレビ番組のスポンサーが東電だったりするじゃないですか。今回の原発事故で、インターネットをやっていて、そういうことを知ってテレビから離れちゃった若い人もいるけど、それもごく一部だと思う。こんな時にくだらない番組なんてやるなよと思う人がいる一方で、家が丸ごと流されたとか、家族を亡くしたとか、そういう人達からすれば、テレビぐらいは笑わせてくれという気持ちもあるかもしれない。東京に住んでいる人でも、仕事でお客さんに頭を下げて疲れて帰ってきて、テレビぐらい笑わせてくれって思うかもしれないしさ。でも、どこの業界も同じですよね。音楽雑誌だって、広告をバーンと打ち込まれたら、そのアーティスト特集するでしょ。だから、全部いっしょだと思って。全てのことが色々なことの縮図に思えてきちゃって。考えることが突然増えましたね。

## レゲエとヒップホップの現場から

——やはり今日は二人のミュージシャンとしての音楽的バックグラウンドについても語ってもらいたいと思っています。3・11以降、反／脱原発の声を上げて、被災地支援もしてきたマイさんとルミさんですけど、これまでどのような活動をしてきた表現者なのかを知りたい読者もいると思います。先程マイさんからボブ・マーリーの話が出たので、その辺りから話してもらえますか。

**リクルマイ**　ボブ・マーリーに出会ったのは高校生の頃なんですけど、八〇年代ポップス全盛期だった小中学生の頃は、カルチャー・クラブとかデュラン・デュランを聴いていましたね。ボブ・マーリーに出会う前の社会派のアイドルみたいな存在はU2でした。で、U2がドアーズが大好きって言うから、ドアーズやジミヘンとか、アメリカの六〇年代ロックを聴くようになって。でもその時は同時に、スターリンも異常なまでに好きだったんですよ。

——早熟ですね。

Nukes!

NO MOR
×××
原発
NO

**リクルマイ**　そう。上の兄弟はいなかったんですけど、友達のお兄さんがいて、そういう年上からの影響があった。

――スターリンの何に惹かれたんですか？

**リクルマイ**　スターリンは今聴くと、ギターのリフの「ジャージャージャジャ」っていう中音域だけで、低音一切ないんですよね（笑）。こんなに低音がない音楽を聴いていたんだなって思うと笑っちゃうんですけど。でも、なんと言ってもメッセージが強烈だった。それと、あの一、二分で終わる衝動が好きだったんだと思います。

――最初はレゲエじゃなかったと。

**リクルマイ**　そう。お金のない高校生だったから、当時「YOU & I」っていうレンタル屋でいろいろ借りていたんです。まだLPのある時代。そこで、ボブ・マーリーの名盤の『Live!』を見つけて聴いたら、それまでのロックと全然違うサウンドで、最初の印象は「なんじゃ、こりゃ」って感じだったんです。だけど、「なんかすごいカッコイイぞ」っていう自分の琴線に触れて。

――なるほど。

**リクルマイ**　地元は本当に田舎だったから、東京のカルチャーがすごく楽しそうで羨ましいと思っていて、とにかく東京に早く出たかった。遊びにいくから東京に出してくれって親に言うのもなんだから、一応短大に進学はしたんです。で、短大が御茶ノ水にあったから、御茶ノ水のディスクユニオンの一号店でバイトを始めて。そこがルーツ・ミュージックの店で、ブルースとかジャズとかカントリーとかブルーグラスとかレゲエとか、流行の音楽よりも土着な音楽に強いお店だった。そこですごい勉強しましたね。

——かなりハードな音楽リスナーだったんですね。

**リクルマイ**　そうですね。好きなレコードを店の中でBGMとしてかけられるし、安く買えるし、「なんていいバイト見つけたんだろう」って。至福でした。で、たまたまその二軒先のイシバシ楽器店で、今のリクルマイ・バンドのキーボードの森（俊也）さんが働いていて。森さんはDREAMLETSとか、それこそ秋本（武士）さんもいたINTERCEPTORとかでいっしょにやっていて、長年のつき合いですね。ある時、秋本さんに「新しいバンドやるから来いよ」と声をかけられて。それがDRY & HEAVYです。二〇歳そこそこですね。最初はDJをやりたかったし、音楽に携わる仕事がしたいって考えてはいたけど、まさか歌うことになるとは思わなかった。

——九〇年代前半ぐらいですね。その当時は東京のクラブとかライヴハウスはどういう雰囲気で、何が流行っていました?

**リクルマイ**　私が東京に出た頃はニルヴァーナが流行っていて、それと平行して、マンチェスター・ロックとかサイコビリーとかもあった。ミクスチャーも全盛期だった。本当に混沌としていました。クラブがすごくいっぱいあった時代だったしね。特に私が好きだったのは、ZOOっていう下北沢のクラブで、いちばん最初に行ったイベントが渡辺俊美さんとかTOKYO No.1 SOUL SETのメンバーがやっていた「スーパー・ニンジャ・フリーク」っていうイベントだった。

そこはもうシャバ・ランクスがかかったと思ったら、次はザ・ロカッツがかかるようなオール・ミックスな選曲だったけど、いい曲だから盛り上がるみたいな。今のクラブにはない、いい意味でカオスな雰囲気があった。「ジャンルじゃねぇだろ、格好良かったらみんな踊るだろ」みたいな、理屈じゃないところで形成されているノリがすごく楽しくて。だから、私もノン・ジャンルでレコードは買っていた。それで、その時ZOOではThe Ska Flamesの長井政一（Mighty Massa）さんのやっているイベントもあって、長井さんのかけるヘヴィ・ウェイトなレゲエ、中でもルーツ・レゲエが自分にとってどストライクだった。それからはもうルーツの世界に身も心も奪われてしまって。長井さんは私の師匠っていうかね。長井さんのイベントではサウンド・システムを運ぶの手伝ったり、ほぼスタッフみたいな感じでした。そんな中で秋本さんとも繋がっていったんですよ。

——今の話は東京のクラブ史、レゲエ史の証言としても興味深いですね。一方、ルミさんどうですか？

**ルミ**　私はもともと歌うのが好きな子供で、人前に出るのが好きだったんです。幼稚園の頃にみんなの前で「氷雨」っていう演歌を歌ったりとか。性格は子供の時からあんまり変わっていないと思うんですけど、ほんとに空気の読めない子で（笑）。同じ幼稚園の子を泣かせたりとか。先生にも質問ばっかりしていた。分からないことがあると、「なんで？　なんで？」みたいな。親にも〝なんで？〟〝禁止！〟とか言われて（笑）。小学校に入って、集団行動を教育されていくうちに、思ったことをあんまり言っちゃいけないんだなって、子供ながらに感じて、ノートに思ったことを書くようになった。それが始まりといえば始まりですね。

それで、小学校の時に湾岸戦争が起きて、それまで戦争は歴史上の出来事だと思っていたから、「えっ、戦争起きるの？　みんな死ぬ！」ってちょっとパニックになっちゃって。大人に「なんで戦争が起きたの？　止めてくれ！」って言っても、「イラクでは人が死ぬけど日本は大丈夫だ。」と言われて。そのことが全然理解できなかった。それで、やっぱりノートに書くんですよ。「先生に訊いたけどわからなかった。日本の人は死なないらしい」みたいなことをつらつらと。

——変わった子だったんですね（笑）。

**ルミ**　音楽は普通にポップスを聴いていました。小学校の頃は光Genjiとかチャゲアスとか工藤静香が好きで歌ったりしていて（笑）。中学校に入ったぐらいに音楽やりたいと思って、いっぱいノートに言葉を書いてきたし、これを歌ってみようと。ピアノを習っていたから、ピアノを伴奏に歌って、ラジカセに録音したんですよ。で、いざ聴いたら、本当に気持ち悪いものができあがっていて。それまで自分の聴いてきた日本の音楽は、夢の世界みたいな大人の恋の歌とか、誰かに頑張れって言っている歌だったけど、自分で録音してみたら、生々し過ぎて気持ち悪いと思っちゃって（笑）。

——ははははは。

**ルミ**　音楽はだめだと思って、そこで一回諦めたんですよ。で、ちょうど私が高校一年ぐらいの時に、キングギドラやZEEBRAやLAMP EYEが出てきて、日本のヒップホップがわりと盛り上がっていて。普通のファッション雑誌とかにも、高校生がDJやるのはカッコイイ、スーパー高校生みたいな記事が載る時代がやってきて、クラブという遊び場があるらしいというのを知った。当時、西麻布のYELLOW（現・西麻布eleven）でTWIGYさんや雷系の人達がやっていた「亜熱帯雨林」っていうイベントに年齢をごまかして入って、そこで、フリースタイルのラップを初めて観たんですよ。ちょうどオウムの事件があった後で、TWIGYさんが上祐（史浩）についてラップしたりしていて。「あ、この人はこの場で思いついたこと言っているのか」と思って。「こんな生々しいことを表現する方法があったんだ、見つけた！」みたいな感じで。その帰りにはもうラップしようと決めていましたね。

——まずは表現欲求が先にあったんですね。

**ルミ** そうそう。「この気持ちをどこに吐き出せばいいんですか？」って、いつも思ってたところにラップを見つけて、「思ったことをぶっ放しゃいいんだろ!?」みたいなノリで始めた。高校でいつもレコード屋の袋を持っているヤツがいて、「コイツ、こっち系だ」と思って話しかけたら、「DJをやってる」って。それが般若だった。「じゃあ、私はラップやってるからいっしょにやろう」ってことになった。その後、般若もラップをやるようになって。当時、モブ・ディープとかグループ・ホームとか、ニューヨークのブルックリンのヒップホップが全盛期だったから、そういう作品を好きで聴いていた。あと、その頃一番好きだったのは、ブート・キャンプ・クリックみたいなレゲエの影響を受けたヒップホップだった。たまに私のラップのフロウがレゲエっぽいとか言われたりするんですけど、たぶんその辺の影響がでかいんだと思う。

――なるほどね。

**ルミ**　ヒップホップは色んな要素を好きに混ぜていいよ、みたいなところがある音楽だし、今思うと私が好きなMCはだいたいレゲエを経由しているMCだった。あと、徐々にUKの音楽やUKのレゲエが好きになっていって、UKのレゲエから影響を受けた人が作る音楽が好きだ、ということが分かってきた。たとえばマッシヴ・アタックとか。「私、レゲエが好きなんだ」って。去年ぐらいからダンスホール・レゲエのパーティにも呼ばれることが増えてきて、色々自分の中で繋がってきた。今はレゲエをちゃんと聴いてみようかな、という気持ちになっている夏ですね（笑）。

**リクルマイ**　私は大学時代、バイトで貯めたお金を使って、しょっちゅうロンドンに行ったりしていた。レゲエが大好きだったから、ジャー・シャカを観たくてね。ジャマイカのサウンド・システムじゃなくて、よりクールなUKのレゲエの方が私は肌に合うなと思って。で、本当にリアルなサウンド・システムをロンドンで体験して、もう心臓に響くんですよね。ベースの「ドゥドゥドゥ、ドゥドゥドゥドゥ、ドゥドゥドゥドゥ、ドゥドゥドゥドゥ」って音が。精神的にも肉体的にもこんなに踊れて、満たされる音楽はかつてなかったなと思って。それから私はレゲエ一筋の人間になってしまった。

――ルミさんもイギリスに行った時に、とにかくベースにやられたって言っていましたよね。

**ルミ**　いやぁ、もうすごかった。血圧計で全身ポンプされているみたいな感覚。ブリストルでMUNGO'S HIFIのイベントに行ったら、「今日は近隣住民がうるさいから八割しか音を出せない」って言われて、「せっかく来たのにマジかよ？」って思って入ったら、ぶっ倒れそうな音が出て、「これで八割!?」って。近所のキッズは入口で配られる耳栓をしながら踊っているんだよね。もう聴くっていう感じじゃないの。コップとか置けないんですよ、音の振動で倒れちゃうから。

**リクルマイ**　そうそうそう。それとね、私の学生時代は恵まれていたと思う。学生と言ったら「遊ぶ」でしょ、みたいなノリがあった。当時ロンドンに行くたびに、「日本にいる自分は本当に幸せなのかな？」ってすごい考えたんですよ。不自由はしていないけど、この満たされない感覚はなんなんだろうって。だから、やっぱりボブ・マーリーの「ゲット・アップ・スタンド・アップ」が大きかった。英語だし、高校の頃ははっきり分からなかったけど、何かを感じていたんですよ。イギリスに行って、それを実感できた。「ゲット・アップ・スタンド・アップ」の「起き上がれ立ち上がれ、おまえの権利のために」というメッセージは、今の日本にはないなって。それと「トレンチタウン・ロック」ですよね。「音楽の良いところのひとつは、叩かれても（痛みを感じないことさ）俺を音楽で叩いてくれ」って。まさにこれだなって。人を鼓舞する魅力と純粋にダンス・ミュージックとして楽しめる二面性を持っているパーフェクトな音楽だなって。

今も昔も女子には変わらずモテ道があるじゃないですか。私の短大時代も『ＪＪ』とか『CanCam』とか、そういう雑誌がもてはやされていたけど、私はそういう世界とは無縁でした。きゃぴきゃぴ女子に囲まれているよりもドレッドに囲まれてルーツ・レゲエで踊っている方が気持ちいいの、みたいな（笑）。

――ははは。ルミさんに考えるきっかけを与えてくれた音楽というのはありますか？

**ルミ**　考えるきっかけっていうよりかは、私の場合はもうずっと不思議がいっぱいで苦しくて（笑）。世の中にはこんなに不思議な、分からないことがたくさんあるのに、周りのみんなは普通に暮らしていて、私は頭がおかしいんだろうか？みたいになっちゃって。そこにパッてハマっちゃったのがラップだったんですよね。巡り会っちゃったというか。入口はTWIGYさんや日本のヒップホップだったけど、アメリカのヒップホップも知れば知るほど、これは革命的な要素のある音楽なんだ、ということが分かって。もともとギャング同士の抗争をなくすためのブロック・パーティから始まっている歴史があるし、知れば知るほどこんなヤベー文化はないって、はまっていった。

## インディペンデント・スピリット

――マイさんもルミさんも現在はメジャー・レーベルや会社に属さずに音楽活動をやっていますよね。マイさんはDRY & HEAVYを二〇〇五年に脱退するのと同時にBeatinkから独立して、自主レーベルMK Muzikを立ち上げていますね。一方、ルミさんはファースト・アルバムを自主レーベルSanagi Recordingsから出して、そのあと、POPGROUPから二枚アルバムを出して、今また独立している。自主でやるのは自由があるけれど、経済的には色々厳しいこともあると思います。でも、今、日本経済そのものが厳しくて、大きなところからもなかなかお金が回ってこない状況ですし、根本的に資本主義を見直さなければいけないという議論もある時代に、インディペンデントでやる意義や可能性はあると思うんですね。二人はそこについてはどのように考えていますか？

**リクルマイ**　私がひとつ救われているのは、楽観主義者だということなんです。本当に末席のミュージシャンのくせに、自分の歌はみんなに理解されるという自信があったんですよ。私の公私にわたる相棒のギタリストKくんがいたのも大きかった。Beatinkではクールな自分は演出できたかもしれないし、レーベルにもそれを求められたけど、だめな自分だったり、格好良くない自分だったり、もっと生々しいリクルマイの世界観を曝け出したいと思った。もちろん、Beatinkを離れるのにすごい覚悟は要りましたよ。でも、ちょうどターニング・ポイントだったと思う。CDが売れなくなり始めた頃だったし、どうせ売れないんだったら自分で全部やった方が良いなって。その方が誰からも搾取されないし、自分の好きにやれると思って。あの時点で独立したのがすごく良かったと思う。今なら躊躇したと思うな。

**ルミ**　私は最初に自主でやった時は、本当に何も考えてなかった。まず何かを発表しようという時に業界の知り合いもいなかったから。お金を貯めて、アルバムを作って、プレス・リリースを出して、『レコードマップ』を見ながらヒップホップって書いてあるレコード屋にひたすらファックスを送って、「私のCDを取ってください」って。そうやって売ったんですよ。最初に自分でやっていたから、やり方をある程度知っていた。どこでどのぐらいCDが動くとか、こういう系の人はこういう反応をするとか、だいたい見えて。そのあとにPOPGROUPでリリースしたから、色々口出したくなっちゃったんですよね。「いや、そこ違う」みたいな（笑）。変に自信もついちゃっていたから。一枚目を作った時はお金のことも含めて、参加してもらうミュージシャンや印刷屋のこともすべて自分でやったから安心感があったんですよ。だけど、会社を間に挟んだら、今まで直接やりとりしていた友達のミュージシャンから、「あの件どうなってんの？」って言われたりして、こっちがどう動いているのかが分からなくなっちゃって。性格的に全て自分でやる方が向いてんのかなって。

それと、これからの時代にレーベルが持つ意味は何？というのもちょっと考えた。もちろん、すごく宣伝してくれたし、POPGROUPには感謝している。会社で動くと周りの信頼度も違うからやれることも増えたしね。だけど、インターネットがあって、これからはプレスを出さなくても良いかもしれないし、そんな時代に「レーベルって何？」みたいな気持ちにもなって。私がそもそも最初に自主でSanagi Recordingsってレーベルを作ったのも、プレスを出す時に業者から、「レーベル名をつけてください」って言われたからで。いずれにせよ今後は、自分のレーベルから出すかもしれないし、どこかのレーベルに入るかもしれないけど、何かをしようと思った時に私の独断でできる場所として、Sanagi Recordingsを残しておこうとは思っている。

**リクルマイ**　やっぱり日本人はお上に従うDNAがあると思うのね。私がBeatinkから独立してMK MuziKを立ち上げて、自らプレス・リリース書き上げて、今まで言ったこともないような「お世話になります」という挨拶のメールをクライアントに出した時に、その返信が全て「上から目線」

だってことを感じちゃって。ドラヘビにいた時は、そんなこと感じなかったのに、こうも変わるのかって。これが世の中なんだ、人は大きな者には従うが、小さな者など相手にもしないんだなって、その時に痛烈に感じた。でも、私は長いものに巻かれるのは嫌だし、この苦労は背負ってもいつか絶対に見返してやる、みたいな。はっきり言って根性論だけでなんとかやってきたんですけど、その苦労を乗り越えないと、噛ませ犬かペットになるしかない。だから国は、せめて個人で頑張っている人に対しては支援をしてほしいなって思う。でも、国はそれを望んでないよね(笑)。だから、はみ出し者の一生ですけど、そういう痛みを知っている人達が連帯して、問い掛け合っていければ良いと思う。私はお金が欲しくて音楽をやっているわけじゃないけど、でもなんとか音楽で食えればと思っている。「音楽で食っていく」っていうのは自分のプライドでもあるし、それができなかったら自分の失敗でしょうね。私とKと家族の構成員がなんとか食っていければ良い。もしお金持ちになったら、色んな人をサポートをしていきたいし。日本はどう考えてもお金の使い方間違っていると思うから。自分の人生をかけて何かそういうことをしたいんだけどね。なかなかお金が回ってこないね(笑)。

——話を聞いていると、二人から男気を感じるんですけど(笑)、ヒップホップもレゲエもやっぱりマッチョの文化だったりするじゃないですか。そこについて思うところはありますか?

**ルミ**　私は一九、二〇歳ぐらいで一度ヒップホップが嫌になっちゃって。ヒップホップは「タフじゃなきゃだめ」みたいな傾向が強くて、自分もそれを真に受けて、自分が弱っている時やだめになりそうな時に表現できないって勝手に思っちゃって。

──弱味を見せちゃいけないということですか？

**ルミ**　そう。本当はもっと自由だし、誰のことも気にしなければ良かったんだけど、ラップはできないと思ってしまったことがあった。それで色々蛇行して、なぜかハードコアとかノイズに突き進んだ。昔からCorruptedとかのハードコアは好きだったんだけど。当時、下北沢にShakara Recordっていうレコード屋があったんですよ。その頃、私は「灰野敬二って人ヤベェ」って時期で、そこでレコードを見ていたら、店長さんが「面白いのがあるから」って、ハナタラシのDVDを見せてくれて、「なんだこりゃ！」みたいな（笑）。それと同時期に、「音楽をやる上での政治」みたいな場面に度々遭遇して、「なんで、こんなことやってんの？」みたいな怒りが湧いてきて、「もう全部嫌だ！」みたいな気持ちになった。それでノイズやハードコアに突っ込んでいっちゃった（笑）。きっとなんのルールもないところに行きたかったんだと思う。「言葉にすらならない叫び」みたいな。言葉ばっか追いかけてきた自分には、そこがすごい衝撃だった。剥き出しの表現、そこに魅力を感じたんだと思う。

**リクルマイ**　レゲエもマッチョなオレ様文化ですからね。そこは不自由だなって思いますよ。レゲエって様式美でもあるから、レゲエらしく振舞わないとレゲエに聴こえないんですよね。ファッションとしてレゲエ・マナーっていうのがあるぐらいだから。たとえば、ジャマイカでブジュ・バントンとかが「バティ・マン、ボンボクラ！」ってゲイを威嚇したからって、日本のレゲエ・ミュージシャンがそれを真似するのは本当に滑稽ですよね。日本の社会でもそれこそ殿様と茶坊主みたいな、ホモセクシャル的な文化があったはずだし。たとえば映画でも、ゲイの監督でいい作品を撮る人は国内外にたくさんいる。二一世紀だし、なんでもありじゃん、とも思う。そもそも、人の生きる上での価値観を壊す権利は誰にもないはずだから。

——今の話を聞いていて、3・11以降、反原発の現場で出会った面倒臭い左翼の人達を思い出しちゃった（笑）。まぁ、本当にごく一部なんだけど、どこの文化圏でも起こり得る話なんだよなって。形式や自分の主義・主張のことばっかりで、しかもそれをなぜか疑いもなくラディカルだと思っているというね。

**リクルマイ**　確かに人の言葉を借りてリスクを負わないで、ラディカルぶるのは私も嫌い。

**ルミ**　私は今回の震災で、東電よりも政府よりも、左翼と右翼の争いとか、デモやってる人達同士の罵り合いみたいなものがいちばん醜いと思った。

——醜かった（笑）。

**ルミ**　気づくと原発と関係ないことで言い争ってるからね（笑）。

**リクルマイ**　本末転倒だよね。あと、古株がどうのこうのっていう図式もある。

**ルミ**　音楽シーンが一時期嫌になった先輩後輩の構図と同じなんですよ。「先輩方、それをやっているから今までだめだったんじゃないんですか？」って気持ちになる（笑）。

——今は本当に答えがない時代に突入していると思うし、答えが決まっている人と話してもしょう

ルミ（2011年4月10日、高円寺「原発やめろデモ」）

がないんだよね。

**ルミ**　仮に信じている答えが本当に正しくて、本当にそれを広めたいって思っているんだったら、広め方について良く考えようよって思う。

——だから信じることはいいけど、伝え方、表現方法だと思うんですよ。

**ルミ**　それはすごい思ったよね。

## 二元論では成り立たなくなった

——原発の問題に関してもこれからどうやって伝えていくか、その伝え方ですよね。

**ルミ**　反原発の人達がこれからどんな風に動いていくかは大事ですよね。たとえば、反原発の人達が、自分達の主張に近い論調の東京新聞しか読まなくなってしまうようなことは危険だなって思う。産経新聞とか読売新聞が何を言っているかも気にしておかなきゃいけない。主流が何を言っているかは押さえておきたいとは思う。

**リクルマイ**　そうだね。

**ルミ**　インターネットだと自分が採りたい情報を採りにいっちゃうから。そうやってみんながテレビも見ない、大手の新聞も読まないみたいになると、世の中からどんどん外れていってしまうと思う。今自分達の考えていることが、社会全体から見たらどれぐらいに位置してるか、わからなくなっちゃうとまずい。ものごとを変えるためには、自分の意見に背いてくれない人をどう振り向かせるかにかかっているから、やっぱり反対の立場にいる人の意見こそ、本当は聞いていかなきゃいけないと思うんです。

**リクルマイ**　本当にそう思う。高円寺のデモの日がちょうど東京都知事選だったでしょ。ツイッター上では、反石原（慎太郎）の人が多かったんだよね。でも、期待は見事に裏切られた。ツイッターって結局は自分が関心ある人または知り合いと繋がっているだけだから、外の情報が入ってこないんだなって思った。だから、むしろ自分のエネミーこそフォローしないと。

**ルミ**　そうなんですよね。本当にもうムカッとくるやつも一応フォローしとかないと、みたいな（笑）。

**リクルマイ**　あと、ツイッターそのものの危険性っていうのもあるよね。匿名の人は歯に衣着せぬ言葉で、行き過ぎだなと思うところもあるし、片や、本名を名乗ってやっている人は守りにも入るだろうし、色々いる。でも、結局ツイッターは自分がフォローしている範囲内の偏った世界だから、それは決して現実ではないと思う。ずっとそこにいてはいけないないと（笑）。それも結局、テレビ報道を正しいと考えてしまうのと同じことになっちゃうから。

**ルミ**　だから、家族や親戚のおばちゃんとか、そういう人達と話してやっと社会が見えてくるっていうか。特に私は今音楽活動以外に仕事をしていなくて、普通の社会人と接することがないから、見聞きする情報が偏ってしまう。

——3・11以降、いい意味でも悪い意味でも人の地金がモロに出たなというのをすごく感じましたね。身近な人でも考え方が全然違ったり、逆に距離があった人と通じ合って行動を共にしたり、色々考えさせられた。原発の問題に限らず、身ぐるみ剥がされちゃっている状態というかね。ツイッターを通じて、身近な人間との考え方の相違点や共通点を知ることも多かった。

**リクルマイ**　私もツイッターで面白い経験がありましたね。イベントなどに楽器や機材をレンタルする会社の社長がいて、長いつき合いだからフォローし合っているんです。その社長さんは自分が裏方だっていう意識が徹底していて、アーティストが気持ちよくライヴできるように、行き届いたプロフェッショナルな仕事をするの。でも、その方はどうやら右寄りの考えを持っていて、ツイッターでも「日本は核武装すべき」とか「反中」とか書いているんですね。私はそこに関して彼とは考え方が違って。でもある時、「リクルマイの脱原発デモのライヴ映像を見た。ナフ・リスペクト！」みたいなツイートがあって(笑)。「今のこの時代に言いたいこと言わないミュージシャンはバカだ。リクルマイを見ろ！」みたいなノリで書いてくれていて。

——ははは。

**リクルマイ**　だから、あるテーマについては相反する立場をとるけど、また別のテーマでは繋がれるっていう面白い可能性を発見したりする。つまり、これまでのように、あるひとつのテーマに関する意見の相違のみで、人を右左に振り分けて判断していた思考のあり方が通用しない。これが二一世紀の問題であり、可能性でもあるのかなと思う。昔の全共闘運動にしろ、マーティン・ルーサー・キングの公民権運動にしろ、「対権力」というシンプルなテーマがあって、大衆は乗るか反るかの判断がしやすかった思う。でも今は、自分がどこに身を投じればいいのか、とても難しくなっている気がする。だから私は、原発に賛成か反対かという、単純化された二元論的な語り口も良くないと思う。今ネットのニュースでも、「そう思う」「そう思わない」みたいなクリックする機能があるでしょ。フェイスブックだと、「いいね!」とかさ。それがだめだなって思う。

——たとえば、原発やエネルギーの政策に関しては賛同できる政治家の、他の政策に関しては賛同できないとか、その逆もまたありますよね。

**ルミ**　だから、選挙も政策単位にしてほしい。たとえば、民主党にせよ自民党にせよ、同一政党内で政策の異なる政治家がたくさん混在しているという実情からも、比例代表制って、もう無理があり過ぎる。どうやっても、民主党か自民党が勝つための制度っていうか。選挙制度が変じゃないかなと思う。

**リクルマイ**　だってテレビ見たらその二つしかないような気になっちゃうしね。

**ルミ**　自分が賛成できる意見を主張している議員がいたとして、その人が公明党だろうと共産党だろうと本当は関係ないはずなのに、「あの党の議員だしなぁ」って迷って議席数の多い党の議員に入れたりするでしょ。結局そうやって国民を混乱させて、多数派が勝つような仕組みになっている気がする。

——政治の話で言うと、「デモをやって世の中変わるの?」って質問をよくされるんですけど、デモは政治に対する影響力があると思うんですよ。高円寺の反原発デモに一万五千人集まった後に、杉並区議会である自民党の議員があのデモは迷惑だったから、公園の貸し出しを規制しようと言い出したんですよ。彼は「反原発は集団ヒステリー」みたいな発言をした石原伸晃の元秘書なんですけど。で、彼のホームページのトップ・ページにあるツイッターのタイムラインが抗議や批判だらけになって、閉鎖してしまったんですね。いずれにせよ、政治家がデモの盛り上がりを横目で気にしているのは確かだと思う。ある大手新聞社の政治記者が、国会議員もこの間のデモを注視していると言っていたし。政治家はデモの影響で政治が動いたとか、政策を変えたとか、口が避けても言わないけど、デモが議会政治に対する具体的なプレッシャーになっているんだなっていう話は色々聞いた。

**ルミ**　票が歩いてるように見えるんだろうね（笑）。

――やっぱり既存の労働組合とか政治組織がやっているデモじゃなくて、あれだけわけのわからない連中が町から沸いて出てきた感じが脅威なんじゃないかな。

**リクルマイ**　私も高円寺で一万五千人集まったと聞いた時、「うわっ、すごい！」って思った。でもあの時は、事故の翌月で原発の関心が一番高まっていた時期だけど、五月七日の渋谷がどうなるのか、正直不安もあった。でも、素人の乱のような若い層だけじゃなくて、ガチンコでずっと運動してきたような人もいっぱいいたから、幅広い層が集まるユナイトな場所だと思った。それを目の当たりにして人の力の大きさを感じた。

——デモの会議をやると、本当に多種多様な、色んな意見を持った人達が集まりますからね。まとめ上げていくだけでひと苦労なんですけど、それがデモの面白さでもあるんですよね。

**リクルマイ**　真剣になればなるほど、自分の主張が強くなるからね。「原発どうする！　たまウォーク」の会議もまさにそんな感じで本当に面白い。打ち合わせに出席する人って原発問題以外のトピックも話す気マンマンなんですよ。だから、話を聞く人の許容力も求められるような感じがするけど、やっぱり、反原発・脱原発の大枠で行くしかないよね。ある程度の一貫性がないと成り立たない。

**ルミ**　細かいこと言い出すと、たとえば、自然エネルギーを推進したい人達もいれば、火力発電所を動かすことを主張する人達もいる。だからやっぱり大枠でまとめていくしかない。便乗して色んなこと主張し出す人もいるから。ツイッターで私が、「マリファナ解放とか関係ない旗掲げるな！」とか言ったら、批判もされたけど。

——ああ、あったね。

**ルミ**　反原発・脱原発のデモに来る時は原発のことに絞らないと。他の主張をしたいやつは別でデモやればいいじゃんっていう。時代も変わったんだから、デモのやり方も変えていかないと。なんかね、「出撃～！」みたいな感じで、色々な人がワイワイガヤガヤ出てきちゃうんだよなと思って（笑）。

——確かに（笑）。でも、そういうわけの分からないエネルギーを殺したくないという気持ちもあるんだよね。それが今のパワーになっているから。だから、社会性が問われているんだと思う。考え方や意見の違う人間と議論や対話してその上でいっしょに行動できるかどうか。それが社会で生きることでもあるから。今、社会性がない人がウワッと世の中に溢れ出してきているということでしょ。

**リクルマイ**　うん。だから、これからのデモが自分の憤りや怒りを発散するだけの場になるのはちょっと心配。デモに変な輩が増え出したから、行くのを止めようみたいな人も出てくるだろうし。でも絶対に、デモは数がいないと成り立たないしインパクトもないから。政府の見解と違う見解を持った人達がこれだけいますよ、というのを見せる場だからね。

——デモをやりながら、色んな問題を分けて考えるべきだなと思ったんですよ。たとえば、貧困問題や地方と都市の格差の問題と原発の問題が密接なのは分かるんだけど、それぞれ個別に考えて動いていかないと現実的にものごとって前に進まない。

**ルミ**　私もそう思いますね。

——色んな問題が構造的には連関していたとしても……。

**ルミ**　見せ方として区別をしないとね。やっぱり色んな主張が乗っかって増えてくると、人を分けちゃうし、反原発・脱原発に賛同したい人もデモに参加できなくなってしまう。

**リクルマイ**　数の問題もあるよね。六月一一日の「脱原発一〇〇万人アクション」も日本全国で参加したのはせいぜい七万人ぐらいだったでしょ。まだまだだよね。一〇〇万人だったら本当にガラッと変わるかもしれないけど。

——全国のどこかでデモが毎週末あるのは大きな変化だと思うけどね。

**ルミ**　うん。ツイッターのデモとかも、プラカードに何を書いたら沿道の人が見てくれるかを考えているよね。どう見られるかを考えながらやっている。そこは変わってきている。デモなんて初めての人が多い中で、四月は爆発して、共感できて、「楽しかった！」みたいなところで落ち着いたけど、多分みんな成長していっているんだと思う。

――あとは無理をしないことだよね。普通に生活を送りながらやっていかないと行き詰っちゃうと思う。反原発の活動に邁進して生活が破綻したら本末転倒でしょ。反原発のデモは生活を守るために始めたんだから。

**リクルマイ**　自分のリアルな生活の延長線上にないとね。

**ルミ**　それと、迷っている人を潰さないことだよね。ツイッターで他人のやりとりを見ていて思うけど。迷っている人に頭ごなしに「原発は絶対にいらないから！」みたいな感じで強引にいくと、反原発の人達は恐い、ってなっちゃうから。そしたらみんな黙っちゃうでしょ。

**リクルマイ**　本当にそうだよね。潰しかねないよね。日本人ってグレー・ゾーンにいる人が一番多いと思うんですね。ハッキリしている人っていうのは極端に少なくて、「ん〜、どうだろう？」みたいな感じの佇まいの人が多いと思う。そういう人達をいかに振り向かせるかが重要だと思う。

――「原発はいらない」と考えていてもデモには行かない、という人の方が圧倒的に多いでしょ。

**ルミ**　私は政治家が一番欲しいものって票だと思うから、デモの人数が増えるのは政治家にとって脅威になるだろうと考えてる。あと、城南信金が脱原発を宣言したから城南信金で口座を作った人もいるだろうし、東京新聞も今回の記事の書き方で支持を得ている。会社の経営や経済のことばかり考えている人達も脱原発に切り替えた方が得だっていう風に思わせるのが大事だよね。

――『東洋経済』は反／脱原発路線だよね。「自然エネルギーを推進したい人も、資本主義のシステムの中で金を儲けたいだけでしょ」って批判する人もいるけど、最善の策かどうかは別にして、「原発がない社会の方が儲かる」と思わせないといけないとは思うんですよね。

**ルミ**　儲けて何が悪いのか教えてほしい。

**リクルマイ**　再稼動しなければ、国内の全ての原発が定期検査に入って、来年三月末には全部止まる予定だよね。どう再稼動させないかというアクションをしていくのかが鍵になるような気もする。

**ルミ**　これだけ止まっている状態でこの夏を乗り越えられれば、原発なくても電気は足りているじゃん、大丈夫じゃんって言えるから。あとはやっぱり原発がある町の人達の気持ちをどうするかっていうのが重要だと思う。親戚の誰かは原発で働いていて、反対と思っていても言えない状況があるから。実際に原発のある町の人達にどう伝えていくかですよね。

**リクルマイ**　過疎地域にしてみれば、原発様様だったのかもしれないけど、その代償がこのような事故だからね。止めなくちゃいけないって主張は変えてはいけないと思う。今、本当に煽っていますよね。節電してクーラーが使えないから暑いって。「熱中症で死んだ人が何名いる、それ見たことか、やっぱり原発必要じゃん」みたいな流れに持っていきたいのではないかなと。

**ルミ**　電気、余っているのにねぇ（笑）。

**リクルマイ**　ねぇ。

## One Step To Live

——最後に、お二人はこれからどのように生きていきたいと考えていますか？　これから子供を産むこともあるかもしれないですし。

**リクルマイ**　子供を欲しいとは思っています。それはやっぱり、生命体である人間は子孫を残すことが最大の仕事ではないかと思うところも大いにありますから。今まで私は恵まれた時代に生きてきたと思っている。八〇年代や九〇年代といった、やりたいことをやれる時代にいれたことがどれだけ恵まれていたかって、本当に感じていますね。

今親が子供の給食費を払えないとか、そういう時代じゃないですか。私達の世代は非正規雇用でも給料が高かったし、レコードもCDも買いたいものは買える時代でしたけど、今、若い子がCDも買えないのよ。だから、しょうがなくiTunesで一曲一五〇円だの二〇〇円だので買う、もしくはフリー・ダウンロードしている。そういった切実な時代背景があって、私は売る側だから悔しいけど、自分が二〇歳ぐらいの頃と同じようにはCDを買えない人が圧倒的に多いんだなっていうことを痛感しているんです。音楽がMP3とか単なるデータになっているのも悔しいんだけど、これが今のスタイルだなって。でも、やっぱり良い音で提供する姿勢は追求したいし、そこは諦めたくない。お金は自分でつぎ込める範囲でしかかけられないけど、創意工夫と努力でいいものを作っていきたいなと思う。レゲエというのは最強のメッセージ・ソングであり、ダンス・ミュージックだと思っているから、震災や原発事故を含めて自分が体験したことを自分の言葉でね、それを世界に向けてどしどし発信していきたい。今こそ日本人のアーティストの想いや言葉を、世界の人に届けるチャンスだとも思っている。こんなに小さい自分だから、何をどこまで発信できるかは分からないけれど、自分自身と真摯に向き合って作っていくしかない。

あと私は、インディペンデントしていること、社会に依存し過ぎないことが大事だと思う。今までの日本は失敗を恐れ過ぎてきたし、失敗する者をディスって、自分と自分が関わる環境の保身に執心してきたような気がするんだよね。でも、四〇年弱ではあるけれど、私自身の人生を振り返ると、自分で考えて、行動して、学んだからこそ道を切り開くことができたと実感しています。時に、痛たたた、と辛い思いをしても、そこから得られるものは大切なことが多くて、リアリティもある。社会の規範に忠実に生きることは、小さくまとまった尻すぼみな社会と共に歩むことを意味していると思う。若い人には失敗を恐れず、「どんどんやっちまいな!」って言いたい。そしてそこから自分の言葉で発信していくことが大事だよ、って伝えていけたらと思う。それは男とか女とか、大人とか子供とか、関係ないことでしょ。そういう活動をできたらいいなと思っていますね。

**ルミ**　私自身は子供産むか分からないけど、震災後っていうことであれば、特に若い人はどこか移れるなら移ってほしい。それも含めて、本当にやりたいことをやってほしい。それは自分もだけどね。どこかの枠にはまって誰かの言うことを聞いていて、ある日突然、「それは全部間違いだった」

となった時に、自分が持つ確固たる何か、信念みたいなものがなかったら、膝から落ちると思うから。自分のやりたいこと、自分はこれをやっていると楽しいとか、生き甲斐を感じれる何かを持って生きていきたいよね。それが私の場合は音楽だけど、家族を大事にするでもいいし、なんでもいいんだけど。そういうものを持つことが、これから一番大事になるんじゃないかなと思う。これからの時代、精神的にきつくなってくると思うんですよ。外を歩いているだけで、空気が放射能汚染されているんじゃないかとか、そういうことを考え出すと。そんな中でサヴァイヴしていくには、自分が「どんなことがあっても絶対これだけは守る」みたいなものがないと、なかなか厳しくなっていくと思いますね。それと、自分もずっと東京で生きてきたけど、いつまで東京にいるか分からないなって、頭の中にぼんやりある。原発の問題が起きた時に、経済のために原発は必要、という主張が原発を推進する側の人達から出てきたけど、もともと日本の経済は下を向いていたし、別に節電したから経済が下を向き出したわけじゃないでしょ。下を向いている流れはずっとあったから。若い子とかには今のうちに海外旅行に行きまくれって言いたいですね。今後、円の価値がすごく低くなって、もしかしたら海外旅行に行けない事態が起こるかもしれないし。だから、「行きたいところへ行きまくれ」っていうのをすごく言いたい。その方が楽しいしね。

二〇一一年七月一二日、素人の乱12号店（高円寺）にて

写真：木村雅章

# 抵抗と理性のはざまで

## 二木信 インタビュー

**聞き手：児玉雄大**

前掲のLikkle MaiとRUMIによる熱のこもった対談を仕切った二木信、ライターとして、デモ・オーガナイザーとして、自身の3・11以降の活動を振り返りながら今後の展望を語ってもらった。

――3・11以降、素人の乱で幾つもの反原発デモを組織してきたわけですが、一年を振り返ってどうですか？

**二木** 本当に色々なことがあって、色々なことを考えさせられました。今ちょうど、朝日新聞社の『WEBRONZA』と『すばる』で3・11以降の反原発運動についての連載を準備している関係もあって、日本の大衆運動の歴史を勉強し直しているところなんですよ。それは、3・11以降の反原発運動に関して、どうしても六八年以降の新左翼運動や社会運動との比較の中だけで語られるきらいがあって、僕はそこがしっくりこなかったんです。本質はそこにないと思うんです。今の反原発運動は、健康や子供を守りたいとか、生活を守るための闘いでもあるわけじゃないですか。生活者の切実な訴えと鬱屈したエネルギーの爆発という意味において、どちらかと言えば、自由民権運動や大正デモクラシー、明治や大正の民衆蜂起や米騒動ぐらいまで遡って考えてみたほうが可能性が拓けてくるんですよ。

――なるほど。では、今の反原発運動をより現実政治に引きつけて考えてみた場合、どう思われますか?

**二木**　確かに、二万、三万の規模のデモだけで全ては変わらないと思いますね。でも、数十万、百万の規模で人が集まれば、変わると思っています。将来的に数十万、百万の規模でデモに人が集まる社会が実現したとすれば、それは、日本人の民主的な意識が劇的に変化した後の話でしょうね。そうなれば、政治も現行のシステムとは違ったものになっているだろうし、既に原発なんて停められていますよ(笑)。その意味で、反原発運動はある程度長いスパンとより広い視野で考えたいと思いますね。

九月ぐらいまでは、素人の乱が呼びかけた「原発やめろデモ」が反原発デモの中心的存在として見られていたのは確かにあったと思います。磯部(涼)さんが、『DOMMUNE OFFICIAL

GUIDE BOOK 2』のデモの原稿で、「〈素人の乱〉が、茶化していたはずの〝大文字の政治〟に呑み込まれてしまったのも間違いない」って書いていましたけど、〝呑み込まれてしまった〟というより〝巻き込もうとしている〟と言った方が前向きだと思いますね。素人の乱界隈の人達はこれまで通り仲間との繋がりを大切にして、自分達の町づくりをしているし、基本的にやっていることは3・11以前と以降で変わっていないですね。3・11以降、政治の意味そのものが変わってきたということでしょうし、原発を支えるシステムや放射能が自分達の生活を確実に脅かすものだから、ただ当たり前に原発に反対しているだけなんですよ。

——同人誌『砂漠Vol.2』の巻頭座談会（石黒景太×ポエム×二木信「99パーセント・ネーション」）の中で、二木さんが知人のDJの発言を引いて、「認められた権利を行使しているだけの反原発デモの参加者は理性的で、そういうやり方を知らない人たちの怒りが爆発した時のことを考えると怖い」という意味の発言がありましたが、今のところ暴力に訴えかける反対行動はありません。それについてどう思われますか？

**二木**　確かに、東電本社ビルのガラス一枚割られないのが不思議ですよね。東電なんて今や世界でトップ・クラスのブラック企業ですよ。あれだけの事故を起こして責任を全く取っていないし、言ってしまえば、緩やかに人を死に追い込んでいるわけじゃないですか。

「デモは怖い」とか「デモをやっているヤツらは何も考えていない」という意見を聞くことも多かったから、そのDJに「デモをやっている人たちは理性的だよ」って言われて、「ああ、そういう見方もできるんだ」って、ちょっと目から鱗でしたね。確かに、反原発デモを組織する人って、きちんとデモ申請して、手続きを踏んで、東京都公安条例や道交法に従ってやるわけだから、サウンド・デモにしたって、すごく理性的なやり方でやってきたんだな、って思いましたよね。

――僕はその意見に肯く半面、同時に「それって本当に理性的と言えるのだろうか?」と考えてしまうんです。二木さんが仰られた通り、東電と政府は「あれだけの事故を起こして責任を全く取っていない」「緩やかに人を死に追い込んでいる」わけです。つまり僕らは連中に、人間としての尊厳や命を完全に踏みにじられているわけですよ。そこまでナメられて、石のひとつも投げられないでいることは、果たして本当に「理性的」なのか?って。デモはそんな連中の決めたルールに従って、つまり、連中の手のひらの上で行われるわけだから、結果としてガス抜きさせられているに過ぎないんじゃないか、とも考えてしまう。もちろん、それでもデモはやるべきだ、と個人的には思っていますが。

**二木**　う～ん、なるほど。だから、その座談会でポエムさんが言っているように、「テロとかできないからデモしている部分はあるわけじゃん」ってのは、名言だと思いますよ。

　児玉さんの「石のひとつも投げられないでいる」って言葉で思い出したエピソードがあります。学生時代に、ある友人が映画監督の足立正生さんを大学に呼んでティーチ・インをやったんですよ。当時の僕は足立さんに関して、若松孝二監督とタッグを組んで映画を作っていた人ぐらいの認識だったんです。ＰＦＬＰ（パレスチナ解放人民戦線）に加わって活動をしていたことも、国際指名手配されてレバノンで捕まっていたことも、『赤軍－PFLP　世界戦争宣言』を作った人だということさえ知りませんでした。なんとなく興味本位で行ってみたんです。そしたら、いきなり武装闘争について話し始めて、二〇歳そこそこのガキにですよ（笑）。イラク反戦のサウンド・デモを経験する前でしたし、僕もまあまっさらな状態だったから。その時足立さんが、「みんな暴力はいけないって言うけれど、それでも武装闘争をやらざるを得ない人たちがいることを想像してみてください」って仰って。その時は、「えっ〜！　何言ってんのこのおっちゃん、危ねぇ〜!!」みたいな感じでしたよ（笑）。その後に自分でパレスチナのインティファーダのことを調べたりしたんですよね。あれは、最新兵器で武装したイスラエル軍の兵士に対して、パレスチナの子供達が石を投げて抵抗したりしたわけじゃないですか。じゃあそこで、イスラエル兵に家族や仲間を無残に殺されているのに、それでも、石を投げることも暴力だからいけません、と言えるのかってことですよね。暴力を肯定したいという話じゃなくて、今の日本政府や東電の前で、僕たちは圧倒的に無力な存在だということですよね。

――暴力による抵抗を肯定しない二木さんが、逆に国家から理不尽な暴力を受けたわけですが、九月一一日に新宿で行われた「原発やめろデモ」での明らかな不当逮捕の経験をどう振り返りますか？

**二木**　別に悪いことをしたわけじゃないですし、気持ち的に落ち込んだりとかは全くなかったですよ。経験としても面白かった。雑居房で「反原発のデモで逮捕された」って言ったら、応援してくれる人もたくさんいましたし（笑）、新宿署だったので、人間もヴァラエティに富んでいて愉しかったですね。僕が逮捕されたことは結果的に良かったと思っています。僕はたまたま自分の名前を出しても平気な人間だったので、名前を出して、デモで逮捕された場合にどのようなことが起きるのか、留置所の様子や取り調べはどんなものなのか、それなりに多くの人に伝えることができたんじゃないですかね。デモの逮捕なんてだいたい警察の身勝手な都合でされちゃうのに、世間的には「逮捕された人が悪いことをしたに違いない」みたいになっているじゃないですか。そういうおかしな風潮を変えたいというのはありますね。だから、僕は「デモ逮捕のポップ化計画」を遂行しましたよ（笑）。もちろん逮捕されないに越したことはないですけど、海外のデモなんて見れば、逮捕されるのなんてよくある話ですし、そもそも社会を本気で変えようとしている時にデモで逮捕者が一人も出ないなんてあり得ないですよ。

――そういう経験も、自由民権運動や大正デモクラシーまで遡って大衆運動の歴史を勉強し直すきっかけになっているのでしょうか？

**二木**　というよりも、「原発やめろデモ」の会議が大きかったですね。「原発やめろデモ」の会議スタイルって寄り合い的というか、ゾロゾロと色んな人が近所から集まってきて、みんな勝手な意見をガンガン言い合って、結局三時間話したけど何も決まらないという時も結構あったんです。多分、欧米の社会運動をやっている人が見たら、「なんてひどい会議なんだ！」って言うと思いますよ（笑）。でも、それがすごく良かったんです。地域共同体があるからこそできる贅沢な話し合いだったんですね。それで、ふと気になって、民俗学者の宮本常一の『忘れられた日本人』を読んでみたら、ある村における似たような話し合いの様子が書かれていたんですよ。そこに、近代化した日本に生きる僕達が忘れてしまった、日本の豊かさがあるのではないかって思ったんです。そこから、何かヒントがないかなって色々調べていくうちに、自由民権運動や大正デモクラシーについても勉強し始めているという感じですね。

——最後に今後の計画を教えてください。

**二木**　また反原発デモをやると思いますけど、既にデモに来たことのある人達や反原発の意見を持っている人達だけに向けるのではなくて、反原発だけどデモに参加したことのない人達や反原発とまでは言い切れない人達に、いかに伝えていくか、いっしょにやるかですよね。デモに協賛を募りたいと思っていますね。たとえば城南信金とか通販生活とか反原発／脱原発を宣言している企業にデモのスポンサーになってもらうとか。あと、環境問題に意識的なファッション・ブランドとか自然エネルギーを推進している企業もあるじゃないですか。たとえば、サウンド・カーでパフォーマンスするDJやアーティスト達にそのブランドの服を着てもらうとか。そうすれば、ただの文化活動ではなく、経済活動の中にもデモや反原発／脱原発を位置づけることができると思うんです。そういうモデル・ケースを作れないものかって考えています。実際、原発事故から少しして、いくつかの経済誌は脱原発を表明していますしね。資本主義社会で生きている現実があって、みんな何らかの形で経済活動に参加して生きているわけだから、経済活動の中で脱／反原発という意識を持つことは必要不可欠だと思っているんです。しかも今後より深刻になっていく放射能汚染のことを考えれば果てのない長期戦なわけですよね。そういったことを考慮すれば、早い段階で企業の人達とも協力して、衣食住についていっしょに考えていければなと。

――地域コミュニティの中の素人の乱は？

**二木**　なんとかバーという飲み屋があって、一二号店のイベント・スペースがあって、今まで通りコミュニティを作って、「場」を維持して、そこを拠点に人が繋がって、いざという時に助け合うことができる、というあり方は、震災前も後も変わらないと思います。むしろ、原発事故があったお陰で結束が強まりましたよね。やっぱり場所は重要なんだな、ってことをみんなが再認識したというか。たとえば、なんとかバーは毎日店主が変わるんですよね。だからお客さんもさまざまなタイプの人が集まるんです。ひと癖もふた癖もあるような人や、正直ちょっと面倒な人も来るし、共通しているのは「カネがない」ということぐらいで。でも、そんな中で人と人が出会って、飯を食って酒を呑んだりする。確かに、気の合う仲間とだけ一緒にいたい、と思う人にとっては居心地が悪いかもしれないけれど、僕は、仕事も生活の仕方も考え方も異なる人たちが同じ場にいざるを得ない環境があるというのは大事だと思うし、それはこの間のデモをやる上でも重要なことのひとつだったと思います。

最近、スパイク・リーの『ドゥー・ザ・ライト・シング』を観直してみて、八九年の映画なんですけど、「ああ、これ、うちらの今の日常といっしょじゃん」って思ったんですよ（笑）。あの映画はピザ屋をメインの舞台にブルックリンのコミュニティを描いていて、人種も違うひと癖もふた癖もある人間同士が、なんとかつき合いながら生きているんですよ。まあ、最後は破綻しちゃうんですけど（笑）。それはともかく、素人の乱だけが特別なんじゃなくて、今、ありとあらゆるタイプの人が寄り集まるコミュニティが日本全国の都市部に増えていると思いますね。でも、それは、かつて言われた「村落共同体への回帰」みたいな理想主義とは違くて、リアルに都市が「ゲットー化」してしまった中でいかに助け合いながら生きていくかという地に足のついたあり方だと思うんです。だからこそ今までにはない自由と楽しみが生まれるし、新しい発想も生まれてくると思っていますね。

二〇一一年一二月二六日　中野サンプラザ（中野）にて

# 『END : CIV』——問題解決法の選択肢としての、暴力直接行動の是非

**鈴木孝弥**

文明、すなわち経済的、物質的文化の脅威を訴え、打倒を唱えるラディカルな環境アクティヴィストで作家のデリック・ジェンセン。その二〇〇六年の著作『エンドゲイム（最終局面）』の中で彼は、文明が環境を破壊し、現在の地球の状態が死に至る最終局面にあることの根拠を示した。その根拠の主なものを抜粋し、他の活動家たちの発言を織り込みながら映像化した作品がこの『END : CIV』だ。

その論点は大きく三つある。

第一点目は、文明（Civilisation）が、環境保護の観点において、そして肥大・暴走する権力システムを内包するという点においていかに深刻な害悪であるか、だ。文明は、都市を成長させるため

の〝養分〟を自然から乱獲する。森林を伐採し、大地を破壊し、水を汚染する。資源を貪り奪うためなら僻地に土着する人々の共同体も無慈悲に破壊する（それはコロンブス以降の〝ヨーロッパ文明〟の基底をなした覇権型暴力である）。その工業文明のもとで一般消費は増大し、大量に製品を作るための資源も、その製造・輸送に使われるエネルギーも膨大に消費され、それが工業文明を高速回転させ、更なる資源の乱獲と大量消費を促すスパイラルを生む。すべてを食い尽くし、自滅するまで立ち止まれない狂気。……それに伴うテクノロジーの開発も、より高性能な新製品への買い替えを消費者に延々と促し続けるためだ。途中でストップも逆戻りもできない。

それゆえに本作では、〝文明〟は〝自然〟と真っ向から対立する概念だと断じている——文明は自然よりも高位にあるとうぬぼれ、人間は自らが自然の一部であることを認めないばかりか、世の万物は人間のためにあり、人間が地球のすべてをコントロールできると信じきる。そしてその文明はパンクするまで肥大する運命であるから、そうなる前に〝文明〟を終わりにしなくてはならない。先進国が今の生活を続ける限り、クリーンで自然と折りあう打開策など見つからず、事態はもう限界に及んでいるのだと告げる。

そして第二点目は、従来の環境保護運動への批判である。グリーンピースのような環境保護団体も次第に、自然を〝賢く利用するべき、人間が管理しうる資源〟と見なすようになり、工業経済ありきの思想下において金儲けのタネに使うようになった事実を告発している。いわゆる環境保護運動とは、とどのつまり、〝自然にやさしい〟自社製品を消費者に〝買わせる〟運動であり、人々はそうした商品を買い、グリーンピースなどの環境保護団体を支持することで、環境問題に対して意識的な先進的人間であるところの自分、環境問題の解決に向けて積極的に努力しているところのエコなワタシに〝満足感〟を得ているに過ぎない。工業経済を肯定した上で〝自然にやさしい〟ものを作って売りまくろうという〝グリーン・キャピタリスト〟は、結局工業文明と同じ轍（＝自壊への道のり）にはまり込んでいるのだと。

そして第三点目こそが、本作ならではのラディカルな主張であり、観る者への問いかけとなっている部分である。すなわち——これまでの市民の抵抗運動を野蛮なパワーで蹴散らしてまで、資源を食い散らかし、限界まで環境を破壊し（自然環境へのテロル）、化石燃料を枯渇寸前まで浪費し、気候温暖化と異常気象を引き起こし、膨大な種の生命を絶滅させて現在の〝黙示録的世界〟に至らしめた敵は、到底話の通じるような相手ではないのだから、その暴力には暴力で対処するしかない。ラディカルで戦闘的な抵抗、つまり直接〝暴力（force）〟行動をとる環境保護運動以外に問題を解決する可能性は残されていない。この意見に、さてあなたは同意するか？ ——というものである。

そしてその〝暴力（force）〟行使の正当性を丁寧に述べているが、いくつか書き出すと：

・敵が我々の声を理解するような理性的な相手ならば説得や交渉も有効だろうが、実のところ、相手は経済システムから利益を得ている企業と利権に群がる組織とが絡み合った複雑で病的（サイコパス）なファシストの集合体であり、そんな連中との間に議論は成立しない。事実これまでに重ね続けてきた言葉は意味を持たなかったのであり、ゆえに敵の暴挙は力づくで（by force）止める以外ない。連続殺人鬼を説得で止められないのと同じである。その場合、その阻止行為が暴力的か非暴力的かは問題ではない。

・政治家は体制（支配階級）の下僕であり、それを維持するのが仕事であって、市民や地球のために働くことなど絶対にあり得ない。政治家は私たちが何を言っても意に介しないが、唯一彼らが反応を示すのが、市民の行動（force）に社会混乱の恐怖を感じるときだけだ。ゆえにそうした混乱や恐怖を感じさせる行為が有効なのだ。

・もし法律が正義を行えないならば、他の者が正義を行うしかない。そして、それは法を破ることだ。

・消費者としてどんなに賢い選択をしたところで、環境破壊の裏側に潜む権力システムを破壊することは不可能だ。また、デモ行動も不十分だから（仕方なく）力に訴えるのであり、力を使う者たちはその論理と帰結を理性的に自覚している。必要なのは、組織化された政治的抵抗であり、その戦略が暴力的か非暴力的かの区別は行動を制限するための道徳的区分に過ぎず、困難な社会状況に直面する人々が目的を達するための最良の方法を考える際にそのような区分は意味を持たない。かくして平和主義はときに社会運動の手足を縛るのだ。穏健思想は変化に急を要する場合に何の役にも立たない。

・さらに悪いことに、非暴力抵抗運動は政府にとって都合がいいものなのだ。管理しやすく、実害がない運動だからである。そのようにして、民主主義という名の退廃の中で社会運動はただ名ばかりの存在となっていく。道徳的説得によって社会は変化するという左翼の神話は間違いであり、社会の変化は力ずくの行動によって(by force)でしか起こり得ない……。

というような主張が理路整然と展開されていく。事実、このグリーン・アナキストたちによる〝暴力のススメ〟はなかなか刺激的で興味をそそられる。しかし、消去法的に導かれる「暴力を用いる以外に変化を起こす手だてがない」という結論を是とするところから、現実的に暴力直接行動を起こして望ましい成果を得るところまでには、ここで語られていない越えるべきいくつものハードルがあるだろう。

そもそも〝説得不可能〟な相手を殴った場合に、殴られた相手が殴打の意味を即時に理解し、物分かりよく変節する可能性は限りなくゼロだ。そして、有無を言わせず相手を力で組み敷くなら、その先に敵陣からの報復、暴力の連鎖を覚悟しなくてはならない。本作の最後で我々に投げられた問いかけに従うなら、もし森林伐採を阻止するために、それを決定した要人を射殺するとしても、その一味には大勢の手下と既得権を手放さない受益者がいるし、警察権力を牛耳る内務大臣に通じている国会議員もいる。それが果たして〝何の入口〟になるのか確証のないまま暴力に訴える行動にどれだけの実効が望めるのか。

仮にそれが一定の効果を生むにしても、そうした行為があらゆる場所で継続して成功するかどうかも疑問だ。強大な権力が、その欲望を満たすためのあらゆる手段を有していることは、我々には百も承知である。おぞましい警察権力をいたずらに肥大増強させるだけの、展望なき暴力に建設的な意味を見いだすことは難しいように思われる。

ましてや本作に登場する活動家が言うように「地球と人間が対等の関係である」以上、その地球を守るために市民が命を賭すことになるとしたら、それも（ヒロイズム的な感情論を排せば）実に不合理な話だ。

ならば、この〝暴力のススメ〟が説得力を持つためには、どんな方法による、どの程度の規模の、敵陣の人命に対してどの程度の危険を意識させる暴力を採用することが、最も効果的にこの抵抗運動を成功に導くのか？　という〝暴力〟のタクティクスまで多少なりとも同時に示唆するべきだった（少なくともそのヒントくらいは提示するべきだった）のではないか。ひとくちに暴力と言っても、スターバックス・コーヒーの店舗のガラスの壁を外からブチ壊すのと、国会にスナイパーを送り込むのとでは次元が違うのだから。

そのように考えていくと、ぼくは、具体的タクティクスを云々する以前に、この『END：CIV』が問題解決の選択肢として暴力直接行動を掲げたことによって、環境保護を訴える過去のどんなドキュメンタリー作品も採用しなかった方法で、この地球が本当に〝待ったなし〟の状況にあるという深刻な事実を過去になく強調し得たこと、それ自体に大きな意味を（ひとまず）見いだす。加えて、暴力の可能性をハナから完全排除している〝穏健派〟に対しては、非暴力主義を貫くにせよ、これまでの常套戦略の効果のほどについて現実的な総点検を促す効果もあるだろう。

つまり、この『END：CIV』の意味を抵抗手段としての暴力の是非という問題に単純化するのではなく、あらゆるアクティヴィストが、この主張の放つ刺激を一度受け止めて、それぞれの立場から戦略を練り直すヒントにする、というのが見方として現実的な線なのではないかと思う。

とは言いつつも、従来の抵抗運動をもってしても地球が現在の〝待ったなし〟の状況にまで追い込まれてしまったという厳然たる事実を認めるならば、確実にこれまでとは異なる、大なり小なりラディカルでドラスティックな抵抗手段の必要性も考えざるを得ないのであり、そうするとやはり、〝どうやっても話が通じないのならば別の手段に物を言わせる以外にない〟という理論に魅力的な光を感じる自分も、正直なところ、抑えられない。

個人的にぼくが権力の暴力に対して暴力で抵抗することに否定的なのは、単純に自分の行いが、汚れた連中がとる手段と同じ蛮行に堕すことが人間としての尊厳のレヴェルで許し難いからである。しかしいくら非暴力主義者であれ、最後の自衛手段としての正当防衛は認められてしかるべきであり、ならば、〈人間は、自分たちのすみかを暴力的に破壊し続けた者たちに対し、最後の自衛手段としての正当防衛を行うことも認められるはずだ〉、という認識を多くの市民が持っていることを敵に対して表明し、その行動に出ることも辞さないという態度を示すことができるとしたら、それは具体的に取り得るひとつの戦法ではないかと思う。

これまで何をしても対話が成立しなかった相手に対し、本当に対話成立の道筋が皆無なのかを最終的に見極める目的に厳に限って用いる暴力。丁寧で真摯な状況説明の上に、その正当性が一定数の市民に理解され得る――すなわち〝暴力のための暴力〟ではなく、それを仕方なく最後の手段として用いる必要性を社会がある程度理解し得るところの暴力。〝共通言語を持たない〟エイリアンの理不尽な一方的攻撃に対する自衛としての、そんな暴力に健全性を認める社会のコンセンサスが形成できる場合があるのなら、その反撃の暴力が行使される可能性を広く顕在化させることによって、新しい結果が生じていくかもしれない……。

そんな発想が本当に有効なのかどうかは、実はじっくり考えてもよく分からないのだが、逆にひとつだけ確実なのは、そんな発想自体、強硬な〝暴力アレルギー〟人間からは絶対に生まれ得ないだろうし、すなわちその状態は一種の思考停止であることだ。この『END：CIV』は、抵抗手段としての〝暴力〟を自分に引き寄せて考え始めることを否でも応でも強いる。ドキュメンタリー作品としての評価は人によって分かれるかもしれないが、少なくともその点においての希有な価値に疑いをはさむ余地はないものと思う。

『END：CIV』監督：フランクリン・ロペス／2011年／75分／日本語字幕：島大吾
インターネット上で日本語字幕版公開中！ http://endcivjp.wordpress.com/
上映権つきDVD（1,500円）のご購入およびお問合せはこちらまで。
IRREGULAR RHYTHM ASYLUM 東京都新宿区新宿1-30-12-302 03-3352-6916
irregular@sanpal.co.jp http://irregular.sanpal.co.jp/

# 3章
# 終わりのない
# ダンスはつづく

# 龍次と忠治
## ——動乱する大地と21世紀の「ええじゃないか」

平井玄

### 1.『旅人 国定龍次』と行き逸れる

一九八六年五月に、山田風太郎は『旅人 国定龍次』という長編小説を上梓している。ところが当時私はこの作品をまったく知らなかった。旧ソ連のウクライナ共和国、キエフの北にあるチェルノブイリで大規模な原発事故が起きたのは、この前月の四月二六日である。

今からちょうど二五年前のことだ。その二年前から日雇い労働者たちが群がり住む山谷の街では、右翼の看板を掲げたヤクザ組織が労働者たちの組合を襲い、激しい抗争が始まっていた。まだその緊張の真只中である。

大学を中退してから一〇年以上が過ぎた頃、私は繁華街の実家に戻って自営業に手を染めていた。そういう人間が、山谷で起きていることに学生運動とは違う切実さを突き刺さるように感じる。家業は水商売相手の洗濯屋である。家族三人だけの小商い。裏通りのあまり「ご立派」とはいえないお客さんの店舗に裏口から伺い、人目を憚る欲望を売り買いする善男善女を相手に、彼らの肉慾が染み着いたような汚れ物を洗わせていただいて、それをわずかな現金と交換する毎日だ。そんな裏街に吹き溜まり、流れ動く者たちの姿は陽炎のように儚いものである。金の絡みか人のしがらみか、ある朝人知れず消えてしまう。そういう男女の体臭をずいぶんと嗅いできた。店裏から覗き見える彼らの無表情と、焚き火に火照る土方たちの放心した顔つきの間を私の眼はいつも動いていたのである。

七〇年代の残り火もこの体の奥で揺らめいている。だから商売に差し障るのを知りながら、労働者たちの手助けと言い訳しつつ、夜が白む前から山谷界隈に通うことになる。四時起きで帰るのは昼近かった。反吐に塗れた繁華街の裏街から日雇いたちの街へ行くには、同じ東京都内なのに一時間以上もかかったのである。

そんな中でも、山田風太郎はそれなりに親しんできた作家の一人だったと思う。少し前に出された「明治物」と称される連作集十数冊にも読み耽ったことがある。それでも、この作品の存在さえ気がつかなかったのである。実弾も飛び出す筋者との諍いの最中だから「股旅もの」を敬遠したわけでもないだろう。まだ三四歳とはいえ、それほど料簡は狭くなかったはずだ。

八六年といえば、かつて新左翼が帯びたオーラなどもう跡形も残っていない。そしてチェルノブイリの爆発はソ連崩壊の前兆になった。前年から始まった金融緩和政策が掻き立てる黄金色の泡沫で街中がさんざめく中、日雇い労働者の闘いに首を突っ込むなど「気でも触れたか」と思われかねない時代錯誤の所業である。

そんな頃、南千住駅から歩いて泪橋交差点に向から途中、浅草へ通じる殺風景な道沿いの左手に吉野家まがいの看板を掲げる一軒の牛丼屋があった。オレンジ色の大手チェーンそっくりの怪しい店構えだ。ドヤ街の屋根に陽が昇る前に、職を求める数千人の日雇いたちが山谷通りを埋める。そこへ急ぐ私は、朝飯代わりにこの牛丼の格別な「不味さ」を何度か味わったことがある。日雇いたちはこういうものを喰わされているのか、と噛みしめながら。そういう「時代錯誤」な仕草に何か過剰なものを賭けようとしていたと思う。そんな毎日に紛れて、この小説とは逸《はぐ》れてしまったらしい。

## 2. 竹内好と山田風太郎

実は作家自身も、この時似たような感慨を抱いていたのではないか——と、読み終えた今当時を振り返って思う。

大地もろとも巨大な鉄鍋が引っくり返されたような幕末の時代を江戸明治の細民たちは「瓦解」と呼んだ。その大変動の只中に山田風太郎は「国定龍次」という忠治親分のありえない次男坊を登場させ、一塊の食材として鍋底にぶち込む。強い火を入れ、大前田の栄五郎はじめ塩胡椒を利かせた具材をポンポンと投げ込んだ。すると肉片からいい味が滲み出て、街道筋を次々と爆ぜかえり、度重なる出入りで煮込まれていくうちに、風太郎流「幕末股旅草紙」の創作料理が仕上がっていくのである。甘悲しい恋の薫りも漂ってくるだろう。

ところが口に放り込んで驚いた。風太郎以外の誰にもなしえないような「奇想天外」の並行世界や人間への苦い洞察だけではない。「裏切られた維新」「下からのもう一つの瓦解」の強烈な辛味が舌を痺れさせるのである。

生まれた時にはすでに葬られていた父親忠治の義侠伝説に煽られて、龍次は倒幕佐幕の刃入り乱れる幕末の巷を流れ動く。そして、西郷隆盛直系の薩摩人工作者に導かれるようにして、血闘の最前線へ「鉄砲玉」として飛び込んでいくのである。ところが、百姓一揆を煽動した「赤報隊」の相楽総三たちが惹き起こした「ええじゃないか」踊りの狂舞の中、恋人も無惨な死に追い込まれ、とうとうにやりすぎた「激派」として官軍中枢によって消される寸前まで行く。

これが「忠治義賊伝説」へのアンサーソングであることは間違いないだろう。天領諸藩の統治権力が繁雑に入り組んだ狭間である上州南西部に、当時「盗区」と称される一種のコミューンを築いたといわれる(高橋敏『国定忠治』岩波新書)父忠治とは違う道を、空想された龍次の足は辿る。北関東から大江戸へ入ったやる気満々の若い衆は、さらに房総や甲府、東海道を巡り、伊勢で大暴れすると京へ上っていくのだが……。とうとう信州で矢折れ刀尽き、愛した娘の遺骸を背に上州へ足が向いたところで物語は終わっていく。この旅のコースがそのまま、半身は農民で半身は博徒だった流浪する幕末下民たちがディアスポラしていく足跡のように思えてくるのである。相楽総三たちの赤報隊に突き動かされた一揆の衆や黒駒の勝蔵らの博徒たち、ええじゃないかの群舞衆を、結局のところ維新軍の将である西郷隆盛らは存分に利用し、そして棄て去ったのが史実である（長谷川伸『相楽総三とその同志』中公文庫）。

ということは、西郷隆盛の孕んだ思想的カオスを養分にできなかったと日本左翼の歴史を批判した竹内好による「アジア主義論」への、二〇年後に書かれた虚構としての反歌ではなかったのか。「西郷伝説」に対して「忠治伝説」が背景に置かれる。玄洋社が民権論者から国権結社に転じる筑豊騒動を描いた夢野久作『犬神博士』に響くドンタク踊りにも似て、股旅激派「国定龍次」が「ええじゃないか ええじゃないか」の乱舞に巻き込まれる。この妄想はさらに明治民権派博徒による騒擾事件にまで繋がるだろう（長谷川昇『博徒と自由民権』中公新書）。西郷を突き上げた下級武士団ではなく、西郷派に裏切られた下民たちこそが維新を「左」へ揺さぶるのである。

### 3.「時代錯誤」が交錯する

ちょうどこの小説の地方紙への連載が終わって間もなく、マンハッタンのプラザホテルではG5先進国蔵相会議が開かれ、世界経済の舞台風景は一気にドル安に転じている。書斎でたったた一人、こんな荒唐無稽な空想騒乱小説を彫琢する作者の日々をよそに、国を挙げた大泡沫劇場の幕が切って落とされたのである。

「国定忠治」といえば、ペリー来航に前後して弛み始めた関八州の幕府統治を大きく揺さぶった博徒たちの代表であり、なかでもとりわけ磔にされて葬られた極悪人である。権勢に楯つくその義侠物語は埃っぽい大衆藝能の世界によく似合う。幕末の激動の中さっそく読本や歌舞伎の十八番になり、明治の新国劇や浪花節、さらに映画や歌謡曲を通じて、一九六〇年代くらいまでは連綿と語り継がれていった匪賊伝説の典型的な英雄といっていい。

ところが七〇年代に入ると急速に忘れ去られてしまう。若者たちの騒擾が鎮圧された後の豊かで清潔な時代にはダサイもいいところ。お引き取り願いたい人物の筆頭なのである。だから「室町金ぴか時代」を彩る「婆娑羅もの」ならともかく、貧乏臭い「忠治伝説」を受け継いだ作品など、六六歳の成熟した伝奇小説家にしては「時宜を得ないアナクロニズム」と目の肥えた読者層には受け取られたかも知れない。

こうして二つの「時代錯誤」が知らぬ間に交錯する。直輸入のボジョレー・ヌーボーが鯨飲される大都会の外れ山谷で、吉野家の「安い、早い、美味い」牛丼に馴染んだ舌が「ちょっと安い、まあ早い、すごく不味い」クズ肉を味わう。これはもう倒錯の極みである。ところが「孤立した貧窮」の味がそこから伝わってくる。これは戦前戦後の大窮乏時代とは明らかに異なる事態だ。大手の牛丼と怪しい牛丼、その微かで大きな差異に、どんなに盛大な泡のドームでも隠しようがない資本主義による原始蓄積の姿を、三〇代の舌は感じていたのである。山谷で死んでいった多くの人間たちの立ち姿とともに、この味わいを私が忘れることは決してないだろう。

同じように日に日に膨れ上がる大泡を目にしながら、忠治の息子が幕末動乱の巷を駆け抜けていく物語を送り出した山田風太郎も、似たような「倒錯」を味わっていたのではないだろうか。平岡正明さんの死後に夫人から伺った話によれば、作家は平岡風太郎論をたいへんに喜んで、二人の間では多くの書簡が遺されたという。そこで想像してみたい。冷えきった一九八〇年代のどこかで「下民たちの騒めく魂が時代を超えてどう甦るのか」という話題が交わされたのではないのか、と。

そう考えると国定龍次のキャラクターは、初期の平岡正明が自らに冠した「りゃりゃりゃと、素っ飛んでいく」という、腕と度胸と「いなせ」の江戸っ子イメージそのままだ。その上でなお山田風太郎は、平岡正明の「西郷隆盛―内田良平―石原莞爾」という武断派の系譜に対して、「国定忠治―相楽総三―国定龍次」という下民たちが見た幻夢のような系譜をあえて書き込んだのではないだろうか。二〇世紀の東アジア水滸伝、極左西郷主義に大きく傾いた平岡正明に対して、作家が綴った友情に溢れた返信のように思えてならないのである。

## 4. 大地が踊り、幕末が舞う

『旅人 国定龍次』は、この作家が書いた唯一つの「股旅小説」というだけではない。その意味ではむしろ山田風太郎による徹底した「下からの永久維新論」である。そして今ようやく読むべき時が訪れたといえる。

筑摩書房から三度目に文庫化されたこの二〇一一年六月半ばに、私はこの本を初めて手に取ることになる。奥付の発行日は「六月一〇日」だが、一五日に飯田橋の広告会社で久しぶりに働き、その帰りに駅の書店で買ったものだ。東北地方東岸沖を連続的な震源群とする巨大地震が起きた三月一一日の、その約三か月後である。この頃はほとんど仕事がなく、この日も三時間で終わり。首都圏労働力人口の二分の一に近いフリーター層にとって、打ち続く原発崩壊の恐怖だけでなく、さらに八月までの半年間がいつ終わるとも知れない不穏な失業期だったことを思い出しておこう。

ここではもう一つだけ強調しておく。これは新たな「大地動乱期」の始まりだということである。石橋克彦の地震考古学的な歴史感覚に示唆を受けよう（『大地動乱の時代』岩波新書）。一八五三年、マシュー・ペリー提督率いるアメリカ東インド艦隊の浦賀入港に四か月先立つ嘉永小田原大地震に始まり、一九二三年の「大正」関東大震災にいたる七〇年間の「大地の動乱期」が、幕末から共産党壊滅にいたる「社会の動乱期」とほぼ重なり合うというのである。もちろん社会変動の方が数年遅れてアフタービートを打つ。鎌倉の低地に国家の中枢が移って以来の八〇〇年間、こうした対位法のリズムは何度も繰り返されたという。この洞察を現在に向けて敷衍すれば、大地と社会が輪唱のように揺れる新たな動乱時代が始まったということになるだろう。列島住民がアジアで最初に体験した資本主義の発展時代は、この間の静穏期に生じたエピソードとなる。かつてなら「俗流唯物論」

と誹られたこういう見方は、ドゥルーズ／ガタリが開いた『千のプラトー』という宇宙論的なリビドー学や惑星地理的な眺望の下では、考察に値する概念装置の一つに組み込まれたといえるだろう。

この二点をぐっと手元に引き寄せつつ、断言しよう。風太郎による『旅人 国定龍次』の素晴らしさは「幕末を走る龍次」「維新を踊る龍次」を描いたことにある。作家は「無宿人」といわず「旅人」とことさら名づけた。一人の「旅人」というだけではない。「龍次」という夢幻の中に来るべき「ええじゃないか」大群衆の萌芽を見ようとしたことである。

それはまず文彩に現れる。文体というより「文彩」である。これは平岡正明が司馬遷による『史記』の紀伝体にも譬えた多層宏大な風太郎世界の中でも「異色」というべきだろう。では、どんな色なのか？　一言でいえる。「ひらがな」が多いのである。読み始めた当初は少年雑誌にでも連載されたのかと思ったほどだ。実際は地方紙掲載だから大人向けであることは間違いない。とにかく読み心地が飛ぶように軽い。全編にわたって会話文が多いこともあるが、博打打ちや香具師が交わす話し言葉、特に主人公である国定龍次の語りがめったやたらと「ひらがな」ばかり。尻ぱしょりに合羽からげて三度笠、長脇差しを腰にぶち込んで街道を駆け抜ける無宿者のスピード感が、そこに取り憑いているのである。

山田風太郎が描き出す主人公たちが概して剽軽なのは確かだ。石やコンクリートで固められた正史を突き崩すために、男も女も、まず性や金や力への特有の欲望の持ち主として語り始められる。人は皆いくらかは変態であり、奇人、フリークに違いない。要するに、そこいらにいくらでもいるただの人間たちである。そういう有象無象の群れの中から風変わりな一人が、風太郎の脳髄の中で偶然と必然のアクシデントにぶつかって、むっくりと立ち上がってくるのである。そんな奴らが歴史の鍋釜をぐるぐると掻き混ぜる。国定忠治が磔にされて一四年後の一八六四年（元治元年）春、空っ風も収まった北関東の上州路（群馬県）で、大前田栄五郎の下で育った龍次少年の前に血に塗れた水戸天狗党の一群が現れるのである。

作家の心象を貫くこうした「始まり」の光景には、おそらくいつも『戦中派不戦日記』に現れるこんな残像が重ね焼きされているのだろう。モーパッサン『水の上』を読んだ翌日の大日本帝国崩壊後一六日目の八月三一日に、疎開していた信州飯田の駅頭でたまたま眼にした一つの情景である。

雨に濡れて貨車動く。いずこへゆくにや無蓋の貨車の上にキャタピラ壊れし黄褐色の戦車一台乗れり。この戦車、戦いしか否か。おそらくまだ戦いたることなき戦車ならん。鉄鋼雨に暗く濡れ、さびしく冷たき姿なり、子を背負いたる女、労働者、少年、農夫、光る眼にてこの兵を見、またこの戦車を見る。

ここにはまだ漢文調の「虚無」がある。まだというのは、「国破れて山河あり」の定型に近いが、貨車、キャタピラ、戦車という冷雨に打たれた「鉄」の硬さ冷たさが、古家の床の間に吊り下げられた水墨画に似た乾涸びた慨嘆を突き破っているからだ。日記の中では、戦時の緊張に金縛りにされた漢語と日常を柔らかく綴る口語がいたるところで閲ぎあう。その金縛りの鉄具が泣くように雨露を滴らせ、痩せて筋張った人間たちが眼だけ光らせて、その光景を見ているのである。どの顔も錆びた鉄屑の塊に似ていただろう。六月二五日に飯田に着いて以来、山田誠也(風太郎)は東京の医科大学にまだ戻れない。医学校は私が生まれ育った所から大通り一つ渡った隣町にあり、新宿駅から歩いて二〇分ほどだ。五月には「勝利絶対確信運動本部」という団体が貼り出した看板が目立った東口駅頭が、闇市ボロ市場の人いきれで噎せ返るのを目の当たりにするのは、やっと一〇月一八日である。

## 5. 龍次から大群衆へ

国破れてそぼ濡れた鉄塊あり。空襲の五月には「美しい絵には陰翳が必要である」と書きつけた身寄りのない青年の心に、愚かな人間たちに満ちた「可哀想な日本!」への逆説的な愛情が噴出する八月の狂熱がやって来る。それが冷静な九月へ反転していく瞬間の心象である。この「虚無」から生きようとする欲望を爆発させる大群衆が沸き上がってくるのである。風太郎となったかつての青年は、この「始まり」を小説の冒頭で幾度となく反復することだろう。

近代国家の始まりに置かれた「虚無」。その真空を一気に埋めようと群がり起こる一揆や「ええじゃないか」の狂乱が暴発する。二〇一一年の三月一一日から少なくとも三か月間にわたる日々には、この「真空状態」に近い社会状況が出現したことを記憶しよう。「原子力は国家なり」。首都の基幹インフラを担う巨大エネルギー産業を後楯にした東大教授の面々の言葉に、漆黒の喪服を身に付けた女性アナウンサーがTVカメラを前にして強い疑いの眼を向け、公然と難詰する。この素晴らしい光景が全国ネットで流された。これだけでも権力と金力に支えられた牙城が揺らいでいるのを示すのに充分だったのである。「ええじゃないか」的な集団衝動を秘めた鳴り物入りのデモンストレーションは、ここに向けて殺到する。

『群衆と権力』を書いて「群衆」の可能性を肯定したエリアス・カネッティは言っている。「権力は人間から流動性を奪い、固定化し、変身を禁じる」。それに対して「群衆になること」は、「個的存在としてあることからの解放」「個としての自己認識からの解放への希望」であるという。ファシズム下の群衆による迫害を経験した後にも、肯定的に捉えるその力強い姿勢に変わりはない。群衆ダンスのビートは、企業労働の個的リズムから人を解放し、別の個と集団を創り出す。その始まりの入口くらいには、私たちは立っているのである。

小説の終わりで歩み去る、顔を焼かれ片足を引き摺る隻眼隻腕の龍次の足どりはいささか寂しすぎるだろう。綱を引く馬の鞍には、白く冷たくなった愛する人の骸が揺られているのだから無理もない。それは一九八〇年代を生きた私たちの骸なのだから。それでも大地は踊り、人々は舞う。山田風太郎が遺した『旅人 国定龍次』には、そういう爆発力が秘められているのである。

# 気流の鳴る音の方へ

## 古本カフェ「気流舎」店主 インタビュー

**聞き手：児玉雄大**

下北沢南口商店街を三軒茶屋方面に抜けた、代沢三差路の手前の路地の入口に、小さな古本カフェ「気流舎」が誕生したのは二〇〇七年二月のことだった。屋号に表われている通り、真木悠介の名著『気流の鳴る音』にインスパイアされた店主は、開店から一貫してカウンターカルチャーの思想を紹介し、都市生活のオルタナティヴを模索し続けてきた。だが、五周年を目前に彼は、あたかも「気流の鳴る音」の方へ誘われるかのように関西への移住を決めた。そして気流舎は、そこを必要とする人たちによる共同運営体制で新たな門出に立つ。

――気流舎を始めるまでは何をしていましたか?

**店主**　僕は大学を四年で中退しているんだけど、中退を機に小さなデザイン会社に就職したんです。大学は理学部物理学科の専攻で、でもデザインも好きだったから、学生時代ずっとデザイン会社でアルバイトしていて。それで、最初の会社は一〇ヶ月で辞めて別のデザイン会社に移ったんだけど、都合五年会社員としてデザインの仕事をやりました。気流舎を構想し始めたのは就職して二年目ぐらいかな。転職先の会社が某大手自動車メーカーの仕事をやっていて、本当に忙しかったんですよ。それで、朝晩逆転の生活を続けるから、当然疑問が生じるわけです。「なんで自分の全ての時間と能力を使ってクルマ売らなきゃならないんだろうか?」って(笑)。それで思ったのが、今の商業デザインは基本的にはものを売ることでしか成立しないから、仮に再度会社を移ったとしても扱うものがクルマから別の何かになるだけで、結局は同じことの繰り返しになってしまうだろう、って。だから、これはもう職業自体を変えるしかないな、って。

――「職業を変える」ために始めたお店が、結果としてかなり個性的なお店になったわけですが、古本カフェという業種のカウンターカルチャー専門店にしたのはなぜですか?

**店主**　何屋でも良かったんですが、人が集まれる「場」を作りたいという思いがありました。というのは、商業デザイナーはエンド・ユーザーと全く接点がない職業であって、そもそも広告業って虚業的でもあるわけですね。だから、もっとリアルに人と接する仕事をして生きていきたい、と思ったんです。それで、自分は本が好きだから古本屋にしようと思って、ただ、古本屋は人が溜まる場ではないからカフェを併設して、人が溜まれる場になればいいな、と思って。
カウンターカルチャーの専門店というのは、もともと音楽が好きで、そうするとやっぱり、六〇年代って輝かしく見えたりするじゃないですか。六七、八、九年あたりは特に。それで、あの時代のキラメキはなんだろうか？　あの時代に何があったんだろうか？って思うようになって。だから多分、カウンターカルチャーへの興味の発端はそこからですよね。それで、会社辞める前からレイヴにも行くようになって、徐々にあの時代に起きたことが分かってきて、レイヴと六〇年代後半からのカウンターカルチャーが同じ系譜にあるということに気づいて。でも、レイヴに踊りにきている人達で、その辺りのことを考えている人達は少なかったし、逆に、当時のカウンターカルチャーのムーヴメントの中にいた人で、今のレイヴ・カルチャーを知っている人もいない。つまり、繋がっているはずなのに繋がっていないような状態だったから、僕はそこを繋げるようなことをしたいと思ったんですよ。

――これまで個人で運営していた気流舎は、二〇一二年の二月から気流舎を必要とする人達による共同運営体制に移行します。それで、店主は今春関西へ移住するわけですが、移住を決めた理由を教えてください。

**店主**　深く考えた結果ではなく流れですよね。計画したわけではないから。ただ、もともと気流舎をずっと続けるつもりはなくて、将来的には地方へ移住して自給自足的な生活ができたらいいな、って思ってはいたから、方向としてはズレていないんですよ。ただ、それが今このタイミングになったのは、子供ができたのと、原発事故があったということで、それはどちらも僕の明確な意思ではないから。でも、そんなもんじゃないのかな、人生における自分の意思の及ぶ範囲なんてものは。そもそも最近の僕は、自分の人生をコントロールしたいとも思わなくなって、どれだけ流れに乗れるか、みたいなことを思うようになっているから。

——移住先で、また一から人間関係を作っていくことになると思いますが、不安はありませんか？

**店主**　確かに移住先に友達や知人はあまりいないけど、そのことに対する不安はないですね。また作ればいいや、って感じ。気流舎の繋がりだって、会社員時代の繋がりはゼロだから。人間関係は、自分でそういう生き方をしていれば必要な人は自然に繋がっていくものだから。それはきっと何処に行っても同じだと思う。

——気流舎みたいな「場」を作る計画はありますか？

**店主**　気流舎みたいになるかどうかは分からないけれど、なんらかの形でまた「場」を作りたいですね。ただ、おカネがないから何年も先の話にはなりそうだけど。だから、逆に焦らないかな。わざわざ店を構える必要もないかもしれない。だって、自分がそうやって生きていけば、おそらく自分の周りは自然とそういうことになっていくでしょ？　自分にとって必要な人とは繋がっていくし、自分の住んでいる家は人が集まる場所になって、別に店を構えなくてもそういう場所になっていくと思うんだよね。あっ、今、俺すごくいい話しているよね（笑）。

——3・11を契機に「自分にとって必要な人」が大きく変わってしまった人って、割りといると思うのですが、それはおそらく、価値観や意識を大きく揺さぶられた結果なんだと思います。僕自身の話をすれば、ここ最近は読書も受けつけなくなってしまい、好きな人と茶の間で寝転がり、お笑い番組を見ながら交わす何気ない会話に憧れたりしています。3・11以前の自分なら、そんなことに大した価値など見出せなかったと思いますが、今はむしろ、「本を読んで小難しいことを考えるよりも、茶の間で交わす何気ない会話からものを考えていきたい」と思うようになりました。

それは僕も同感ですよ。気流舎を始めてからの五年間で、自分が変わったと思うことのひとつは、「世界を変えよう」とは思わなくなったことだよね。会社を辞めて気流舎を始めた時は、もっと世の中を良くしたい、世界を変えたい、みたいなことを考えていたと思うんだけど、そういうのがなくなった。それよりもまず、自分が変わってゆくこと、日々生きることの方が遥かに重要で、自分の外の世界を変えようとは思わなくなった。つまり、自分の足元を見つめるということかな。

――3・11の原発事故が起こった時に真っ先に頭に浮かんだのは、じゃがたらの江戸アケミの言葉で「業をとれ」でした。テレビに映った原発が爆発する様は、人間が省みることなく積み重ねていった業の爆発に見えたんです。ですがその一方で、年末に放映された立川談志の追悼テレビ番組で、談志の「落語とは人間の業の肯定である」という言葉が紹介されていて、植木等の「わかっちゃいるけどやめられない」にも通じると思いますが、そこに「人間らしさ」を感じてしまう自分もいるんですよ。店主は、自分の業を取り除きたいと思いますか、それとも認めてあげようと思いますか？

**店主**　それは両方一緒のことだと思う。業を含めたあるがままの自分を受け入れるということは、同時に自分の業を取り除くことにもなるんじゃないのかな。

――なるほど。では、東電や政府に対して怒りはありませんか？

**店主**　怒りの感情は僕にもありますよ。でも、昔に比べればそれも少なくなったかな。原発事故に関して言えば、怒るのも当然で重要だと思うし、デモをすることも重要で、社会制度を変えていくことも重要だと思うけど、より大きな視点で見れば、自分の問題として捉えないといけないと思う。だって、宇宙はひとつしかなくて、生命はみんな繋がっているわけだから、政府にせよ東電にせよ自分を含めたその中の一部なわけで、自分の右手が左手に怒っているようなものでしょ。「怒り」って、結局は自分に向けられていることが多いよね。自分のトラウマから生まれたり、ルサンチマンだったり。そうやって考えると、「怒り」という感情も少しは冷静に受けとれるかな。

――店主がそのような意識を持つに至ったのは、カウンターカルチャーと結びついたサイケデリックスの経験が関係しているのでしょうか？

**店主**　そうですね。少なくとも一番最初にそれを教えてくれたのはサイケデリックスで、経験がなければ、おそらく僕はそれに気づくことができなかったと思うし、社会的な問題にもコミットしなかったと思う。そういうことは全て繋がったひとつの問題であって、ホリスティックに捉えなきゃいけないって気づくきっかけになった。だから、気流舎は六〇年代後半に誕生したカウンターカルチャーにこだわるんですよ。それまでは密教的な儀式としてあったかもしれない精神変革が、

LSDが発見されたり、マジック・マッシュルームが栽培できるようになって、そういった知識の世界的な広がりと共に、何万人、何十万人という単位で意識の変革が起こった。それは人類史的に初めてのことであって、僕はそのサイケデリックスによる精神変革ということが、ものすごく重要なことだと思っています。同時に、僕個人の人生を考える上でも非常に重要な経験だった。スティーヴ・ジョブズも同じことを言っているよね。けど、それはあくまでもきっかけであって、必ずしもサイケデリックスである必要もない。瞑想でもいいし、ヨーガでもいいし、その意識に辿り着くためのテクニックは古代からいくつも発明されているわけだから。もっと言えばそんなことさえする必要がなくて、日常生活でもいいわけですよ。恋愛や失恋でキュンキュンするのもそうだし、大切な人の死に立ち会う経験とかもそうだと思うし、旅に出たり、踊ったりするのもそう。だけどね、「そういうのって全部一緒のことだよね！」って思うことができた最初のきっかけは、やっぱりサイケデリックスだった、という堂々巡りはあるよね。いずれにしても気流舎は、僕が離れた後も、そういうことをきちんと伝えられる場、きちんと話せる場、であってほしいと思います。

二〇一二年一月一〇日　気流舎（下北沢）にて

あなたも気流舎の共同運営に参加しませんか？
詳細：http://www.kiryuusha.com/blosxom.cgi/shop/111108a.html
お問合せ：電話 03-3410-0024　メール info@kiryuusha.com　または気流舎へ直接お越しください。
気流舎　世田谷区代沢 5-29-17　飯田ハイツ 1F

# おわりに

はじめに、「あの日を境に少なからず自分の生活が変わってしまった」と書いたが、実際は、福島第一原発三号機が爆発した翌日に身重の妻と二人の子供を妻の実家のある九州へ疎開させ、その一週間後には姉の癌が見つかって号泣、看病のため店も休みがちとなり売上も激減、七月には三人目の子供が生まれたのにカネがなく、一一月には母子家庭手当で食い繋ぐために離婚、それでも暮れにはキュンキュンしたりして、チュラ・チュラ・チュラ・チュラ・チュラ・チュララ♪ これが3・11以降の、僕の激動の一年間だった。

そんな状況の中、しこしこ作るこの本をなんとか完成させることができたのは、執筆者／話し手の方々のご協力はもちろんのこと、株式会社メディア総合研究所の大久保潤さん、デザイナーの戸塚泰雄さんのご尽力によるところが大きい。特に戸塚さんには色々と相談にのっていただき、微に入り細に穿つアドバイスをいただいた。彼なくして本書の完成はなかったことだろう。編集者と呼ぶにはあまりにも未熟な僕をフォローして下さったみなさまへ、この場を借りて心からの感謝を捧げたい。そして最後に、余命宣告され病床に臥する身でありながら、どうしようもない弟の僕を絶えず心配し、見守ってくれている姉にも、目一杯の感謝を捧げたい。

どう転んでも「死ぬまで生きる」のが人生。
喜びも悲しみもギュッと抱きしめながら、
僕らは僕らの踊りを踊っていくしかないのかもしれない。
だから、Shall we ダンス？

二〇一二年二月一三日　カフェ・アドリアーノ（茂原）にて

# プロフィール

**毛利嘉孝**

一九六三年、長崎県生まれ。東京藝術大学音楽学部音楽環境創造科准教授。専攻は社会学・文化研究。特に音楽や美術などの現代文化やメディア、社会運動を中心に研究と批評を行っている。主著に『文化＝政治：グローバリゼーション時代の空間の叛乱』（月曜社）『ポピュラー音楽と資本主義』（せりか書房）『ストリートの思想　転換期としての一九九〇年代』（NHKブックス）など。

**こだま和文**

一九五五年、福井県生まれ。トランペット奏者。八二年、日本初のライヴ・ダブ・バンドであるミュートビートを結成。通算7枚のアルバムを発表。九〇年よりソロ活動を開始。現在は「DUB STAION」名義で精力的に演奏活動を行っている。今年ダブ生活30周年を迎える。また、水彩画や版画、執筆活動も行っている。著書に『スティールエコー静かな響き』（廣済堂）『ノート・その日その日』（ディスクユニオン）『空をあおいで』（K&Bパブリッシャーズ）がある。

**磯部涼**

一九七八年、千葉県生まれ。音楽ライター。九〇年代後半から執筆活動を開始。主著に『ヒーローはいつだって君をがっかりさせる』（太田出版）『プロジェクトFUKUSHIMA! 2011/3.11-8.15 いま文化に何ができるか』（K&Bパブリッシャーズ）、『音楽が終わって、人生が始まる』（アスペクト）、共著に『ゼロ年代の音楽——壊れた10年』（河出書房新社）など。

**ハーポプロダクション**

二〇〇八年設立。人々の脳の協働を促進し、その創造物の捕獲を企む「芸脳プロダクション」。「バビロン検定試験」実施、「だめ連」秘蔵映像デジタルアーカイヴ化、ブートZine『Lost Papers』発行など、金にならない活動を中心に活躍。「着る思想」をコンセプトとしたTシャツブランド「RLL」の商品開発、販売促進を担当。　RLL　http://www.rll.jp/

**Likkle Mai**

岩手県宮古市出身。九五年DRY & HEAVYに参加。在籍時に五枚のアルバムを発表。〇五年、DRY & HEAVYを脱退、ソロ活動を開始。自身のレーベルMKミュージックより『ROOTS CANDY』

(〇六年)、『M W』(〇七年)、『mairation』(〇九年)とアルバム3作品を発表。また、ギタリストThe KとのアコースティックユニットLikkle Mai & The K名義でも精力的に活動する。

**RUMI**

一九七八年、東京都生まれ。ラッパー。〇四年に自身のレーベルSanagi Recordingsから、1stアルバム『Hell Me TIGHT』を、その後POP GROUPから、『Hell Me Why??』(〇七年)、『Hell Me NATION』(〇九年)と二枚のアルバムを発表。昨年はTHE HEAVY MANNERSの2ndアルバム『SURVIVAL』で四曲参加する。日本全国のクラブ、ライヴハウスを飛び回る精力的なライブ活動を展開。

**二木信**

一九八一年、茨城県生まれ。文筆業。共編著に『素人の乱』(河出書房新社)、共著に『音の力 ストリート占拠編』(インパクト出版会)、『ゼロ年代の音楽——壊れた10年』(河出書房新社)などがある。現在、『WEBRONZA』で連載中。『すばる』で近く連載開始予定。

**鈴木孝弥**

一九六六年、山形県生まれ。音楽評論家。監著書に『ディスク・ガイド・シリーズ ルーツ・ロック・レゲエ』『クロニクル・シリーズ ルーツ・ロック・レゲエ』(共にシンコーミュージック・エンタテイメント)、『定本リー・スクラッチ・ペリー』(リットーミュージック)。訳書に『ジャズ・ミュージシャン3つの願い』(Pヴァイン・ブックス)、『ボリス・ヴィアンのジャズ入門』(シンコーミュージック・エンタテイメント)、『だけど、誰がディジーのトランペットをひん曲げたんだ?〜ジャズ・エピソード傑作選』(エディシオン うから)。

**平井玄**

一九五二年、東京都生まれ。評論家。八〇年代から、音楽、思想、社会など幅広い領域を独自の視点、文体で論じる。二〇〇八年夏より高円寺・素人の乱12号店で地下大学を開講。主著に『暴力と音』(人文書院)、『ミッキーマウスのプロレタリア宣言』(太田出版)、『千のムジカ』(青土社)、『引き裂かれた声』(毎日新聞社)、『愛と憎しみの新宿——半径一キロの日本近代史』(筑摩書房)など。

**気流舎店主**

一九七五年、神奈川県生まれ。グラフィックデザイナー。大学中退後デザイン会社を得てフリー。二〇〇七年、カウンターカルチャーのための古本カフェ「気流舎」を開店。今春、島へ移住予定。

# Shall We ダンス？
## 3・11以降の暮らしを考える

2012年2月25日　初版印刷
2012年2月25日　初版発行

ブックデザイン　戸塚泰雄
編集　児玉雄大
表紙写真　木村雅章

発行者　吉野眞弘
発行所　株式会社メディア総合研究所
東京都渋谷区千駄ヶ谷4-14-4
SKビル千駄ヶ谷4F
郵便番号　151-0051
電話番号　03-5414-6210（代表）
03-5414-6532（直通）
振替　00100-7-108593
ホームページ　http://www.mediasoken-publish.net
印刷・製本　モリモト印刷

ISBN 978-4-944124-52-7
©Takehiro Kodama, 2012 Printed in Japan
落丁・乱丁本は直接小社読者サービス係までお送りください。送料小社負担にてお取り替えいたします。